廣論止觀初探

第二卷 學奢摩他法一

收錄範圍 0032—0071

出版緣起

至尊宗喀巴大師（1357 – 1419），依阿底峽尊者
《菩提道炬論》為基，著作了曠世巨著——《菩提道次第
廣論》（以下簡稱《廣論》），此論以三士道為架構，總
攝一切佛語扼要為一凡夫至成佛所應修持之道次第，並以
諸大經論為依據，引領志求佛道者依循三主要道——出離
心、菩提心、空正見，最終獲證無上菩提的果位。為令具
緣者獲得真實的饒益，宗喀巴大師在後二波羅蜜多開展出
〈奢摩他〉及〈毗缽舍那〉（即寂止與勝觀，簡稱止觀）
二章，篇幅足佔半部《廣論》，理路嚴謹、破邪顯正，闡
揚諸大教典清淨的見地，足見大師深廣的悲心與智慧。

恩師上日下常老和尚（1929 – 2004），深見《廣論》
教授之殊勝，首於 1988 年圓滿講述《廣論》160 卷錄音
帶，然而對於止觀章，老和尚當年僅簡要開示，然因眾弟
子因緣尚不成熟，始終未能廣講。

真如老師曾從任杰老居士聽聞《四百論》、《入中

論》等中觀論典；也在拉卜楞寺的洛桑嘉措上師座前聽受
《略論・毗缽舍那》；在哈爾瓦・嘉木樣洛周仁波切座前
分別求得《廣論》及《廣論・四家合註》的講說誦授傳
承；也在哲蚌寺果芒僧院大格西功德海座下聽受《入中論
辨析》等教授。日常老和尚數數讚許真如老師深體般若真
義，於晚年將宣講《廣論》止觀章之重任囑咐老師。

2004 年來，真如老師謹遵師教，荷擔福智團體僧俗
學修之重任，傳持老和尚依法調伏之宗風，並積極推動恭
誦《大般若波羅蜜多經》，為修學圓滿教法累積廣大資
糧。2018 年起，真如老師也帶領僧俗弟子重新深入《廣
論》，開始宣講《廣海明月》，在老和尚所築構之深厚基
礎上，數數策發弟子對般若空性的熾盛希求。

世間老病交煎、無常迅速的生命相狀，是老師的椎心
之痛，全球嚴峻的大流行疫情，更顯生死之苦的難忍。宗
喀巴大師於《緣起讚》中說：「世間所有諸衰損，其根乃
為無明暗，由何觀照能還滅，是故宣說緣起法。」因此，
痛苦越是劇烈，老師宣講止觀的心意也越發熾烈。

　　在 2020 年 10 月 15 日──日常老和尚圓寂 16 週年的紀念日，真如老師正式開講「廣論止觀初探」。老師懷著潔白清淨的悲心，精勤研閱止觀的教授，嚴格遵循《廣論・四家合註》及五大論等教理，詳思審度、殫精竭慮，力求傳遞清晰正確的義理，只為以空性這帖不死的甘露藥為饋贈，徹底醫治天下生老病死。

　　真如老師以每週一次線上影像檔的方式，帶領僧俗弟子逐字逐句研討《廣論》止觀章，將法義巧便送入所化機心中。諄諄教誨有如盞盞明燈，指引學人避開斷常二邊的險崖，遠離錯謬見解的溝壑。老師亦時常鼓勵弟子珍惜善根、發歡喜心堅持學習，即使甚深空性的天空廣袤地令人望而生畏，但是依著善知識的引領，具信的弟子們也能乘著強大的信心之風，如雄鷹般翱翔於無邊的正理蒼穹。

　　應世界各地學人的希求，弟子們將開示輯錄成冊，正式付梓，願令學法道侶喜沾甘露法語之潤澤，同受無垢正理之救怙，直趣無上菩提之正道。

祈願正法久住，善士久住！

祈願世界和平，眾生安樂！

祈願全人類早日穿越疫情的苦痛，安康吉祥！

大慈恩譯經基金會　謹識

編輯凡例

一、《廣論止觀初探》收錄真如老師於 2020 年 10 月
　　起，開始講授《菩提道次第廣論》之〈奢摩他〉及
　　〈毗缽舍那〉之開示。由弟子們錄影、整理文稿，各
　　講次均按順序編號，並標記各段落影音檔之時間點，
　　便於讀者相互查閱。各講次雖為真如老師於不同時間
　　所錄製而成，然內容實為相互連貫。

二、本書引用之《菩提道次第廣論》原文，根據大慈恩·
　　月光國際譯經院於《菩提道次第廣論四家合註白話校
　　註集 5·奢摩他》（台北市：福智文化，2021）所改
　　譯之版本。與法尊法師譯《菩提道次第廣論》原文略
　　有差異，為令讀者易於參照，故於書前附上改譯版
　　本，並於各講第一頁標示奢摩他校訂本與福智第三版
　　之頁數與行數。

三、本書所引《菩提道次第廣論》原文以及其他經典，皆
　　採**黑色粗楷體**。《菩提道次第廣論》科判以**黑色粗
　　明體**呈現。真如老師講授文字以黑色細明體呈現。

四、《菩提道次第廣論四家合註》之四位祖師箋註分別為
　　巴梭法王箋註、妙音笑大師箋註、語王堅穩尊者箋

註、札帝格西箋註。在本書中巴梭法王箋註以紅字呈現，並於每段箋註前標上小字的⓫；妙音笑大師的箋註，其箋註以藍字呈現，並於每段箋註前標上小字的⓰；語王堅穩尊者箋註以綠字呈現，並於每段箋註前標上小字的⓵；札帝格西箋註只註解毗缽舍那的部分，其箋註以褐字呈現，並依藏文母本不作標記。

五、本書所列之章節、標題為編輯所加入，旨在幫助讀者易於分辨、理解正文及引用經文。

六、真如老師開示時，於語句中未明示，但以手勢表達意涵者，為使文意清晰，會在原文後插入（）內容，加以註解。

七、本書附錄講次與廣論段落對照表，以表格整理講次、章節、標題、影音檔長度及廣論段落，便於讀者學習時查閱。

八、每一講次前皆附上該講次影音檔 QR code，以利讀者掃描至大慈恩譯經基金會（https://www.amrtf.org）之〈廣論止觀初探〉課程網頁，學習每一講開示。

九、本書雖經反覆審校，然詞義舛誤，掛一漏萬之處難以避免，懇請博雅碩學，十方大德不吝斧正是幸！

目錄

出版緣起   2

編輯凡例   6

《菩提道次第廣論・奢摩他》原文   10

修止資糧

講次 0032 安住於相順的環境   38

講次 0033 少欲、知足、捨棄眾多事務   45

講次 0034 戒律清淨、捨棄欲求等分別   52

講次 0035 修止資糧極為重要   58

身何威儀而修

講次 0036 修止的身威儀（一）   68

講次 0037 修止的身威儀（二）   76

正釋修習之次第

講次 0038 諸大教典中的修定方法（一）   86

講次 0039 諸大教典中的修定方法（二）   94

心注所緣先如何修

講次 0040 思惟正定功德引動心意   100

講次 0041 增強修定的勇悍心力   108

明正所緣

講次 0042 周遍所緣   118

講次 0043 淨行所緣（一）   126

講次 0044 淨行所緣（二）   132

講次 0045 善巧所緣   138

講次 0046 淨惑所緣   146

講次 0047 依靠具足殊勝目的所緣   154

講次 0048 破除修空性不應有所緣的見解   161

顯示何等補特伽羅應緣何境

講次 0049 哪種補特伽羅應緣的淨行所緣（一）　170
講次 0050 哪種補特伽羅應緣的淨行所緣（二）　178
講次 0051 哪種補特伽羅應緣的善巧所緣　185
講次 0052 哪種補特伽羅應緣的淨惑所緣　190

明此處所緣

講次 0053 辨明當前此處的所緣　198
講次 0054 緣佛像修三摩地　205
講次 0055 緣著什麼樣的佛像來修定　213
講次 0056 觀想佛像為所緣的要點（一）　220
講次 0057 觀想佛像為所緣的要點（二）　229
講次 0058 觀想佛像為所緣的要點（三）　237
講次 0059 觀想佛像為所緣的要點（四）　245

如何注心之理

講次 0060 此處所修三摩地的二種殊勝　254
講次 0061 修止的違緣與順緣　262
講次 0062 修學正念（一）　270
講次 0063 修學正念（二）　281
講次 0064 修學正念（三）　290
講次 0065 破斥「善緩即善修」之說　298
講次 0066 太急太緩難生無過三摩地（一）　306
講次 0067 太急太緩難生無過三摩地（二）　315
講次 0068 堅固有力的正念極為重要　324
講次 0069 觀察安住所緣的修正念法　332
講次 0070 上座的時長（一）　342
講次 0071 上座的時長（二）　350

附錄

各講次與廣論段落對照表　360

9

第六、**各別學法，分三：**⼀、**學奢摩他法；**⼆、**學毘缽舍那法；**三、**彼二雙運之法。初又分三：**⼀、**修止資糧；**⼆、**依止資糧修奢摩他之理；**三、**修已成就奢摩他量。今初：**

諸瑜伽師當依速易成止之因——寂止資糧。其中有六：⼀、住隨順處，謂住具五德處：易於獲得，謂無大劬勞得衣食等；處所賢善，謂無猛獸等兇惡眾生，及無怨等之所居住；地土賢善，謂非引生疾病之地；伴友賢善，謂具良友戒見相同；具善妙相，謂日無多人，夜靜聲寂。如《莊嚴經論》亦云：「具慧修行處，善得賢善處，善地及善友，瑜伽安樂具。」⼆、少欲，無增上貪眾多上妙法衣等事。三、知足，但得微劣法衣等物，常能知足。四、斷諸雜務，皆當斷除行貿易等諸惡事業，或太親近在家、出家，或行醫藥、算星相等。五、清淨尸羅，於別解脫及菩薩律，皆不應犯性罪、遮罪，破壞學處；設放逸犯，速生追悔，如法還淨。六、斷除欲等諸惡尋思，謂於諸欲，當修殺、縛等現法過患，及墮惡趣等當來過患。又生死中愛、非愛事，皆是無常可破壞法，此定不久與我分離，何為於彼而起增上貪等？應如是修，斷除一切諸欲尋思。此如《修次中篇》之意而說，於《聲聞地》應當廣知。

如是六法能攝妙定未生新生、生已不退安住、增長因緣宗要，尤以清淨尸羅、觀欲過患、住相順處為其主要。善知識敦巴云：「我等唯覺是教授過，專求教授。然定不生，是未安住資糧所致。」言資糧者，即前六等。

又前四度，即是第五靜慮資糧，《修次初篇》云：「若能不著利等諸欲，善住尸羅，性忍眾苦，勤發精進，速能引發正奢摩他。故《解深密經》等，亦說施等為後後因。」《道炬論》亦云：「失壞止支分，雖勵力修習，縱經多千年，不能成正定。」故真欲修止觀定者，應勵力集《聲聞地》中正奢摩他十三支分或資糧等，極為主要。

第二、**依止資糧修奢摩他之理，分二：一、加行；二、正行。今初：**

修如前說加行六法，尤應久修大菩提心。又應淨修共中、下士所緣自體，為菩提心之支分。

第二、正行，分二：一、身何威儀而修；二、正釋修習之次第。今初：

如《修次中篇》、《下篇》所說，於極柔軟安樂坐墊具身威儀八法。其中足者，謂全跏趺，如毘盧遮那佛坐，或半跏趺，應如是行。眼者，謂不應太開，亦非太閉，垂注鼻端。身者，謂非過後仰，亦莫太前屈，內住正念端身而坐。肩者，謂平齊而住。頭者，莫揚莫低，莫歪一方，自鼻至臍正直而住。齒與唇者，隨自然住。舌者，令抵上齒。息者，內外出入莫令有聲、粗猛、急滑，必使出入無所知覺，全無功用徐徐而轉，應如是行。《聲聞地》說於佛所許或床、或座、或草敷上，結跏趺坐，有五因相：一、善斂其身速發輕安，由此威儀順生輕安故。二、由此宴坐能經久時，以此威儀不極令身疾疲倦故。三、由此威儀不共外道及異論故。四、由此威儀宴坐令他見已極信敬故。五、由此威儀，佛、佛弟子共所開許、共依止故。正觀如是五因相故，說應結跏趺坐。端正身者，是說為令不生昏沈、睡眠。如是先應令身具八威儀，尤於調息如說善修。

第二、**正釋修習之次第者**：諸《道次第》多依《辨中邊論》所說，由八斷行斷五過失，修奢摩他。善知識拉梭瓦所傳之教授，謂於彼上須加《聲聞地》所說六力、四種作意及九住心而修。德稱大師於自《道次第》云：「四作意中攝九種住心方便，及六過失、八對治行，是為一切正定方便，眾多契經及《莊嚴經論》、《辨中邊論》、無著菩薩《瑜伽師地論》、《中觀修次》三篇等，開示修靜慮之方便中一切皆同。若能先住正定資糧，以此方便勵力修習，決定能得妙三摩地。近世傳說修靜慮之甚深教授中，全不見此方便之名。若不具足正定資糧及無此方便，雖長時修，不說能成等持。」現見此語是於諸大教典修定方法，得清淨解。

又總三乘修道次第引導之理，無著菩薩於《瑜伽師地》中極廣決擇，故彼為最廣開示修行之論。又於一論廣說之事，餘則從略。止觀二法，《攝決擇》說於《聲聞地》應當了知，故《聲聞地》最為廣者。慈尊亦於《莊嚴經論》、《辨中邊論》說九種住心方便及八斷行，獅子賢論師、嘎瑪拉希拉論師、寂靜論師等印度智者隨前諸論，亦多著有修定次第。又除緣本尊身、空點、咒字等所緣不同外，其定大體，前諸大論與咒所說極相隨順，現見尤於定五過失及除過方便等，經反極詳。然見能知依彼大論修者，幾同晝星。將自心垢責為論過，謂彼唯能開闢外解，妄執別有開示心要義理教授，現見於彼所說修定次第，正修定時竟為何似，全無疑惑。今此教授，一切修行前後唯取大論所出，以之為重，故於此處修定方法，亦取大論而為宣說。

此又分二：一`引生無過三摩地法；二`依彼引生住心次第。初又分三：一`心注所緣先如何修；二`注所緣時應如何修；三`注所緣後應如何修。今初：

若不能滅不樂修定，樂定障品所有懈怠，初即於定不令趣入；縱一獲得，亦不能相續，速當退失。故滅懈怠為初切要。若能獲得喜樂增廣身心輕安，晝夜行善能無疲厭，懈怠盡除。為生輕安，須於能生輕安之因妙三摩地，恆發精進。為生精進，須於正定具足恆常猛利希欲。欲樂之因，須由觀見正定功德引動心意堅固信心，故應先思正定功德，數修信心。此等次第，修而觀之極顯決定，故應認為最勝宗要。《辨中邊論》云：「即所依能依，及所因能果。」所依謂欲，勤所依故；能依謂勤，或名精進。欲因謂信，深忍功德；勤果謂輕安。

此中所修正定功德，謂由獲得奢摩他已，現法樂住，由增心喜、身安樂故。及由獲得身心輕安，於善所緣心如欲轉。又由息滅於顛倒境散亂無主，則諸惡行皆不得生，隨所修善皆有強力。又止為依，能引神通、變化等德。尤由依止，能生通達如所有性毘缽舍那證德，速疾能斷生死根本。凡思惟已，能於修定增勇悍者，是諸功德皆應了知而修。若生勇悍，恆常策勵向內修定，極易獲得勝三摩地，得已亦能數數趣修，故難退失。

第二、注所緣時應如何修，分二：ᐟ˅明心住之事——所緣；ᐞ˅如何心注所緣之理。初又分二：ᐟ˅總建立所緣；ᐞ˅明此處之所緣。初又分三：ᐟ˅明正所緣；ᐞ˅顯示何等補特伽羅應緣何境；ᐟᐞ˅顯示所緣異門。今初：

如世尊言，修瑜伽師有四所緣，謂周遍所緣、淨行所緣、善巧所緣、淨惑所緣。周遍所緣復有四種，謂有分別影像、無分別影像、事邊際性、所作成辦。就能緣心立二影像，初是毘缽舍那所緣，二是奢摩他所緣。言影像者，謂非實所緣自相，唯是內心所現彼相。由緣彼相正思擇時，有思擇分別故，名有分別影像。若心緣彼不思擇而住心時，無思擇分別故，名無分別影像。又此影像為何所緣之影像耶？謂是五種淨行所緣、五種善巧所緣、二種淨惑所緣之影像或行相。就所緣境立事邊際，此有二種，如云「唯爾更無餘事」，是盡所有事邊際性；如云「實爾非住餘性」，是如所有事邊際性。其盡所有性者，謂如於五蘊攝諸有為，於十八界及十二處攝一切法，四諦盡攝所應知事，過此無餘。如所有性者，謂彼所緣實性、真如理所成義。就果安立所作成辦，謂於如是所緣影像，由奢摩他、毘缽舍那緣彼作意，若修若習若多修習，由是之力遠離各自粗重而得轉依。

淨行所緣者，由此所緣能淨貪等增上現行，略有五種，謂不淨、慈心、緣起、界別、阿那波那。緣不淨者，謂緣毛、髮等三十六物，名內不淨，及青瘀等，名外不淨；是於內心所現不淨非可愛相，任持其心。慈謂普緣親怨中三，等引地攝欲與利益安樂意樂。即由慈心行相，於彼所緣任持其心，名曰緣慈，是於心境俱說為慈。緣緣起者，謂唯依三世緣起之法，生唯法果，除彼等外更無實作業者、實受果者，即緣是義任持其心。緣界差別者，謂各別分析地、水、火、風、空、識六界，即緣此界任持其心。緣阿那波那者，謂於出入息，由數、觀門令心不散餘處而緣。

善巧所緣亦有五種，謂善巧蘊、界、處、緣起及處非處。其中蘊謂色等五蘊，蘊善巧者，謂能了知除蘊更無我及我所。界謂眼等十八界，界善巧者，謂知諸界從自種生，即知因緣。處謂眼等十二處，處善巧者，謂知內六處為六識增上緣，知外六處為所緣緣，知無間滅意為無間緣。緣起謂十二有支，緣起善巧者，謂知緣起是無常性、苦性、無我性。處非處者，謂從善生可愛異熟是名為處，從不善生可愛異熟是非處等；處非處善巧者，即如是知。此即善巧緣起別相，其中差別，由此能知各別之因。又以此等作奢摩他所緣之時，謂於蘊等所決定執取相，任持其心一門而轉。

又淨惑者，謂唯壓伏煩惱種子及永斷種。初所緣者，謂觀欲地乃至無所有處下地粗相、上地靜相。第二所緣，謂四諦中無常等十六行相。又以此等作奢摩他所緣之時，謂於所現諸境行相，隨心決定任持其心不多觀察。

《修次中篇》說三種所緣，謂「十二分教一切皆是隨順、趣向、臨入真如」，總攝一切安住其心；或緣總攝諸法蘊等；或於見、聞諸佛聖像安住其心。其於蘊等住心之法，謂先了知一切有為五蘊所攝之理，次於五蘊漸攝有為，即緣五蘊任持其心。譬如別別簡擇而串習之，能生妙觀察慧；如是攝略而修，亦引生勝三摩地，攝心所緣而不流散。此即對法論之教授。如是亦應了知界、處攝一切法之理，漸攝於彼任持其心。

此中，淨行所緣如所宣說，易除貪等上品行者之貪等，依此易得勝三摩地，故是殊勝所緣。善巧所緣，能破離彼諸法之補特伽羅我，隨順引生通達無我毘缽舍那，故是極善奢摩他所緣。淨惑所緣，能總對治一切煩惱，故義極大。遍滿所緣，離前所緣非更別有。故當依具足殊勝所為之奢摩他所緣修三摩地，或以塊石草木等為所緣依處而修定者，自顯未達妙三摩地所緣建立。

又有說於注所緣處持心，皆是著相，遂以不繫所緣境，無依而住，謂修空性。是全未解修空道理之現相，當知爾時若全無知，則亦無修空之定；若有知者，則須承許所知，由知該事乃立為知。有所知故，即彼心之所緣，以境與所緣、所知是一義故。是則應許彼三摩地亦是著相，是故彼說不應正理。又是否修空，須觀是否安住通達實性之見而修，非關於境有無分別，下當廣說。又說安住無所緣境者，彼必先念：「我當持心，必令於境全不流散。」次持其心。是則定須緣於唯心所緣，持心全不流散為相，言無所緣便與自心體驗相違。故明修定諸大教典，說多種所緣，義如前說，故於住心所緣依處，應當善巧。又《修次論》說奢摩他所緣無定，《道炬論》說「於隨一所緣」者，義謂不須定拘一種所緣差別，非說凡事皆作所緣。

二、**顯示何等補特伽羅應緣何境者：**若貪增上，乃至尋思增上補特伽羅，如《聲聞地》引《頡隸伐多問經》云：「頡隸伐多，若有比丘勤修觀行，是瑜伽師若唯有貪行，應於不淨緣安住其心；若唯有瞋行，應於慈愍；若唯癡行，應於緣性緣起；若唯有慢行，應於界差別安住其心。」又云：「若唯有尋思行，應於阿那阿波那念安住其心，如是名為於相稱緣安住其心。」《聲聞地》亦云：「此中若是貪、瞋、癡、慢及尋思行補特伽羅，彼於最初唯應先修淨行所緣而淨諸行，其後乃能證得住心。又彼所緣唯是各別決定，是故彼等定應以彼所緣勤修。」故定勤修彼等所緣。若是等分或是薄塵補特伽羅，於前所緣隨樂持心即可，無須決定。《聲聞地》云：「等分行者，隨其所樂精勤修習，唯為少分住心，非為淨行。如等分行者，薄塵行者當知亦爾。」貪等五增上者，謂先餘生中於貪等五，已修、已習、已多修習，故於下品貪等五境，亦生猛利長時貪等。等分行者，謂先餘生中於貪等五，不修、不習、不多修習，然於彼法未見過患、未能厭壞，故於彼境無有猛利長時貪等，然貪等五非全不生。薄塵行者，謂先餘生中於貪等五，不修習等、見過患等，故於眾多、美妙、上品貪欲境等貪等徐起，於中下境全不生起。又增上貪等經極長時，等分行者非極長時，薄塵行者速證心住。

善巧所緣為何補特伽羅之所勤修，亦如《頡隸伐多問經》云：「頡隸伐多，若有比丘勤修觀行，是瑜伽師若愚一切諸行自相，或愚我、有情、命者、生者、能養育者、補特伽羅事，應於蘊善巧安住其心。若愚其因，應於界善巧。若愚其緣，應於處善巧。若愚無常、苦、空、無我，應於緣起、處非處善巧安住其心。」此五所緣正滅愚癡。

淨惑所緣為何補特伽羅安住其心，亦如前經云：「若樂離欲界欲，應於諸欲粗性、諸色靜性；若樂離色界欲，應於諸色粗性、無色靜性安住其心。若樂厭患及樂解脫遍一切處薩迦耶事，應於苦諦、集諦、滅諦、道諦安住其心。」此諸所緣，通於毘缽舍那思擇修習，及奢摩他安住修習二種所緣，非唯奢摩他之所緣，然因有者可為新修奢摩他之所緣，有是奢摩他生已勝進所緣，故於修止所緣中說。

三、**顯示所緣異門：**定所緣處、持心之事，即前所說心中所現所緣之影像或行相。其名異門，如《聲聞地》云：「即此影像亦名『影像』，亦名『三摩地相』，亦名『三摩地所行境界』，亦名『三摩地方便』，亦名『三摩地門』，亦名『作意處』，亦名『內分別體』，亦名『光影』。如是等類，當知名為所知事同分影像諸名差別。」

二、**明此處所緣者：**如作是念：若爾，已說如是多種所緣，今於此中當依何等所緣而修止耶？答：如前經說，無有限定，須各別緣，以補特伽羅有差別故。尤其定當修成最下奢摩他者，若是上品貪行者等，須依決定所緣。若不爾者，縱或能得奢摩他隨順三摩地，然不能得實奢摩他。以雖修淨行所緣，然未經久，尚說不得正奢摩他，況全棄捨淨行所緣弗能成故。尤其多尋思者定應修息。若是等分補特伽羅，或是薄塵補特伽羅，於如前說諸所緣中，隨意所樂作所緣處。

又《修次第》中下二篇，依於《現在諸佛現住三摩地經》及《三摩地王經》，說緣佛像修三摩地。覺賢論師亦說多種，如云：「止略有二，謂向內緣得及向外緣得。其中內緣亦有二種，謂緣全身及依身法。緣身又三，謂即緣身為天形像、緣骨鎖等不淨行相、緣骨杖等殊勝標幟。緣依身法又有五種，謂緣息、緣細相、緣空點、緣光支、緣喜樂。向外緣者亦有二種，謂殊勝、平庸。殊勝又二，謂緣身、語。」《道炬論釋》亦引此文。

其緣佛身攝持心者，是隨念佛，故能引生無邊福德；若佛身相明顯、堅固，則可緣作禮拜、供養、發願等積集資糧之田，及悔除、防護等淨障之田，極為殊勝；又如前引《三摩地王經》說，臨命終時隨念諸佛不退失等功德；若修咒道，於本尊瑜伽尤為殊勝，現見有如是等眾多所為。又此勝利及思佛之法，廣於《現在諸佛現住三摩地經》詳明，故如《修次下篇》所說，定應從彼了知。因恐文繁，茲不俱錄。故求所緣依處既能成就勝三摩地，餘勝所為兼能獲得，如是乃為方便善巧。

當以何等如來之像為所緣依處耶？答：如《修次下篇》云：「諸瑜伽師，先當如自所見、所聞如來形像安住其心，修奢摩他。由常作意如來身像黃如純金色，相好莊嚴，處眾會中，種種方便利益有情。故於佛德發生希欲，息滅沈沒、掉舉等失，乃至明見如住面前，應於爾時勤修靜慮。」《三摩地王經》亦云：「由如金色身，妙嚴世間怙，心趣此所緣，名菩薩等引。」如此所說而為所緣依處。此復有二，謂由覺新起及於原有令重光顯，後於生信尤勝，又順共乘，故於原有令相明顯。

先求持心所緣處時，先當求一畫像或鑄像等極其善妙大師之像，數數觀視執取其相，現為心境而令熟習；

或由尊長善為曉喻，思所聞義，令現意中，求為所緣依處。又所緣處非是現為畫鑄等相，要學現為真佛形相。有說置像於前瞪視而修，智軍論師破之甚善，以三摩地非於根識而修，要於意識而修。故三摩地親所緣境，即是意識直接境，須於意境攝持心故；及如前說，謂須緣於所現實所緣境義共相或影像故。

身分亦有粗細二分，於餘處說，須先緣取粗分，待彼堅固次緣細分，且體驗中，亦極易現粗分，故應先從粗像為所緣處。尤為要者，謂如下說乃至未得如欲定時，一切種中不可多遷異類所緣修三摩地。以若更換眾多異類所緣修三摩地，反成修止重大障礙。故於修定堪資定量之《瑜伽師地論》及三篇《修次》等，皆就初修定時唯依一所緣而說修習，未說遷變眾多所緣。聖勇論師於修靜慮時亦明顯云：「專固一所緣，堅穩其意志，若轉多所緣，意為煩惱擾。」《道炬論》亦云：「隨於一所緣，令意住善境。」是以「於一」之指定詞而說。故先應緣一所緣境，待得止已後乃緣多。《修次初篇》

云：「若時已能攝其作意，爾時乃能廣緣蘊、界等差別。如《解深密》等，亦由瑜伽師緣十八空等差別，說多所緣之相。」

如是初得持心所緣依處之量，謂先數返次第明了攀緣一頭、二臂，身體餘分及二足相。於末作意身總體時，心中若能現起半分粗大支分，縱無明晰具光明等亦當即以爾許為足，於彼持心。此中因相，若不以此為足而持其心，更求顯了數令明現，所緣雖可略為顯了，然非僅不得心安住分之三摩地，且障得定；又若所緣雖不明顯，然於半分所緣持心，亦能速得妙三摩地，其後明顯既轉增進，則易成就明了分故。此出智軍論師教授，現見極為重要。所緣依處現顯之理，雖見二種四句之說，然因補特伽羅種性，而現行相有難有易，即已現中有明不明，此二復有堅不堅固，見有種種故無決定。

若修密咒天瑜伽時，天尊行相定須明顯，乃至未能明顯之時，須修多種明顯方便；此中天尊行相若極難現，可於前說隨一所緣而持其心，主要所為唯在成就寂止定故。此若仍緣天身而修，相既不現然又持心，不能成辦所樂之義，故須行相現而持心。又隨所現持身總相，若身一分極其明現即持彼分，若彼轉晦仍持總相。若時欲修為黃而現為紅，顯色不定；或欲修坐而現為立，形色不定；或欲修一而現為二，數量不定；或欲修大而現極小，大小不定，則全不可隨逐彼等，唯應於前根本所緣為所緣依處。

第二、於彼所緣如何注心之理，分三：一、立無過規；二、破有過規；三、示座時量。今初：

此中所修妙三摩地具二殊勝，一、令心極明具明分力，二、專住所緣無有分別具安住分。有於此上加樂為三，餘有加澄共為四者。然澄淨者初殊勝攝，不須別說；具適悅相喜樂之受，是此所修定果，然非初靜慮近分攝定相應中所能生起；說為成辦三乘功德最勝依處第四靜慮三摩地中，皆無身樂心樂相應而起，故此不說。

有力明分，無色地攝少數定中雖無，然如《莊嚴經論》云：「靜慮除無色。」此謂除少獲得自在菩薩，餘諸菩薩皆依靜慮地攝正定引發功德，故說明顯殊勝無有過失。沈沒能障如是明分力生，掉舉能障一境無所分別，沈掉二法為修淨定障中上首，亦即此理。故若不善識別粗細沈掉，及雖識已，不知淨修勝三摩地破彼二軌，況云勝觀，即奢摩他亦不容生，故智者求三摩地，於此道理應當善巧。此中沈掉乃是修止違緣，辨識違緣及正破之法皆於下說，故此當說修止順緣引生三摩地之理。

此中三摩地者，謂心專住所緣之分，復須於所緣相續而住。此須二種，一於根本所緣令心不散方便，及於已散未散、將散不散如實了知。初即正念，次是正知。如《莊嚴經論釋》云：「念與正知是為能注，一於所緣令心不散，二心散已能正了知。」若失正念忘緣而散，於此無間棄失所緣，故不忘所緣之念為本。由此正念心注所緣之理，謂如前說明觀所緣依處，若時現一最下行相，當發內心堅持於彼之有力執取相，令心策舉，即此而住莫新思擇。

　　念如《集論》云：「云何為念？於串習事令心不忘，不散為業。」此說具足三種差別。其中所緣境之差別，先未習境，念則不生，故說「於串習事」，此中即令現起先所決定所緣依處之相。行相或執取相之差別者，謂「心不忘」，即心不忘其境之分，此中謂不忘所緣依處。不忘之理者，非因他問或自思察，僅能記憶師所教示「所緣依處如此」，是須令心繫於所緣，相續明記無少散動，散亂方生其念便失。故心如前既住所緣依處，復起是念「如是已繫所緣」，次不更起重新觀察，相續將護此心勢力令不斷絕，是依念理殊勝宗要。作業差別者，謂從所緣心不餘散。如是心繫所緣而調伏者，以調象喻諭之：譬如於一堅牢樹柱，以多堅索繫其狂象。次調象師令如教行，若行者善；若不行者，即以利鉤數數治罰而令調伏。如是心如未調之象，亦以念索縛於前說所緣堅柱；若不住者，以正知鉤治罰調伏漸自在轉。如《中觀心論》云：「意象不正行，當以正念索，縛所緣堅柱，慧鉤漸調伏。」《修次中篇》亦云：「用念知索，於所緣樹，繫意狂象。」前論說正知如鉤，後論說如索亦不相違，正能相續繫心所緣者，是為正念，正知間接亦能令心注於所緣。謂由正知了知或正沈掉或將沈掉，依此能不隨沈掉轉，令住根本所緣事故；又如前引，世親菩薩亦說念知俱能注所緣故。

又說依念生定及說記念如索，直令其心相續繫於所緣。故能引定主要修法，即是修念之法。正念亦具定解為相之執取相，故修定時若無堅牢決定之執取相，唯憨然而住，心縱得澄淨明分，然其明分不發決定之力，有力之念定不得生，由是亦未能破微細之沈，故三摩地唯有過失。又不住餘像等所緣依處，唯修無分別心者，亦須憶念教授，謂「令心任於何境全不分別而住」，次則於心不流散者，不令散逸。不散逸者，義同正念不忘所緣，故仍未出修念之規。如彼修者，亦須依止發決定力之念。

第二、**破有過規**：有此邪執是所應破，謂如前說善舉策心無分別住，是時雖無少許沈沒之過，然由掉舉增上，現見不能相續住分；低其舉心復緩善策，則見住分速能生起。遂謂此方便是大教授，得定解已，見其高聲唱言：「善緩即是善修。」此是未辨生沈及修二者之論，以無過定，須具前說二種差別，唯有心無分別堅固住分未為完足。若謂此有曚昧令心渾濁，可名為沈，然今無彼，心有澄淨明分，故三摩地全無過失。現見此乃未辨昏、沈二法之言，是等下當廣說。故若太策舉心令有力時雖有明分，由掉增上住分難生；若太緩慢而修，雖有住分，由沈增上故明無力。其不墮入太急太緩，緩急適中界限極其難得，故難生起俱離沈掉妙三摩地。大德月依此密意說云：「若精勤修生掉舉，若捨精勤復退沒，此理等轉極難得，我心擾亂云何修？」義指「精勤修者，謂太策勵，策則生掉；若捨策勵太緩慢者，心住其內復起退沒。由見此故，俱離沈掉等分安住之心，如理平等而轉實屬難得」。如是佛靜《釋》亦云：「言精勤者，此中謂於善品發起勇悍，策勵而轉。」又云：

「由見掉過捨其精勤，棄其功用心於內沈。」《悔讚》又云：「若勵力轉起掉舉，若勵緩息生退沒，修此中道亦難得，我心擾亂云何修？」其《釋》亦明顯云：「由極勵力，勤策運轉起功用時，便生掉散摧壞其心，從功用中心不得住。若如是行即是過失，為遮此故，緩息勵力運轉之心，棄捨功用，則由忘所緣境等過，令心內縮，生起沈沒。」故說「遠離沈掉二邊修此中道，合理平等運轉妙三摩地極屬難得」，若善緩即可則無難故；又說從緩發生沈沒，故以此理修三摩地，顯然非理。

又極緩心僅澄明分猶非滿足，猶須執取相策勵分，如無著菩薩云：「於內住、等住中，有力勵運轉作意。」此於九種住心方便初二心時，作如是說。《修次初篇》亦云：「除沈沒者，當堅持所緣。」《修次中篇》復云：「次息沈沒，必須令心極其明見所緣，當如是行。」言「心明見」故，非說唯是境界明顯，是說心執取相極顯極堅。修念之規此極切要，未能知此盲修之相，謂修愈久忘念愈重，擇法之慧日返愚鈍，諸凡此等有過甚多，反見自矜有堅固定。

　　若謂如前以念令心繫所緣已，爾時可否發起分別，偵察所緣善不善持？答：定須觀察。如《修次中篇》云：「如是於隨樂所緣安住心已，於此應當如前相續住心。善安住已，即應於心如是觀察：為於所緣心善持耶？為沈沒耶？為現外境而散亂耶？應作是念而觀察之。」此非棄捨三摩地已如是觀察，是住定中觀其是否如前而住根本所緣，若未住者，當觀隨逐沈掉何轉。非纔住定時太短促亦非太久，是於中間時時觀照。若於前心勢力未盡修此觀察，生心力已力能久住，亦能速疾了知沈掉，有此所為。

　　如是時時略憶前緣而修者，亦為有力、相續運轉正念之因所須，故為修念之法。如《聲聞地》云：「云何心一境性？謂數數隨念、同分所緣、流注、無罪、適悅相應，令心相續，名『三摩地』，亦名為『善心一境性』。其中是於何等數數隨念？謂於正法聽聞、受持，從師獲得教授、教誡，以此增上，令其定地諸相現前，於此所緣以流注念隨轉投注。」《辨中邊論疏》亦云：「言『念不忘所緣』者，謂『以意言住心教授』之斷語。」故依念者，為於所緣滅除散亂忘念，由是滅彼不忘所緣者，謂以意言所緣，即是數數作意所緣。譬如恐忘一所知義，數數憶念即難失忘。故若時時憶念所緣，是生有力正念所須；心於所緣緊持不散而作偵察，是生有力能覺沈掉正知方便。是故應知，若謂此等皆是分別而遮止者，極難生起有力正念正知。

第三、示座時量：若爾，由念令心繫於所緣，應住幾久座量有無決定？答：此中西藏各派先輩諸師皆說「座短數多」。此中因相，有說「若短座修及善支配，則後每次亦樂修習，若座久長則覺厭煩」；有說「座久易隨沈掉增上而轉，則難生起無過正定」。《聲聞地》等諸大論中，未見明說座時之量，然《修次下篇》云：「由是次第，或一正時，或夜巡半修或一座時，抑或乃至堪能爾時應趣。」此雖見此是成寂止已，勝觀修時座量時說，初修止時現見亦同，應如是行。

此復，若如前說修念知法，時時憶念所緣、偵察監視，時雖略久亦無過失。然見初業行者，若時長久，多生忘念散亂，爾時其心或沈或掉，非經久時不能速知；或雖未失念，然亦易隨沈掉而轉，沈掉生已不能速知。彼二前者能障生有力記念，後能障生有力正知，是故沈掉極難斷除。尤以忘散所緣不覺沈掉，較於未忘所緣不能速疾了知沈掉，其惡更甚。故為對治散逸失念，如前所說修念之法極為重要。設若散逸忘念厚重，正知羸劣，不能速疾了知沈掉，則須座短；若見忘念難生，能速了知沈掉，是時座稍延長亦無過失。故密意云一正時等，時長不定。總須隨心所能，故云：「乃至堪能。」又若身心未猝發疾，即應安住，有病不應勉強而修，無間放捨，除治諸界病難乃修，是諸智者密意。應知如是修者，亦是座修幾時之支分。

《廣論》段落

- 《菩提道次第廣論・奢摩他》校訂本（台北市：福智文化，2021）：P32-L1 ～ P70-L5
- 《菩提道次第廣論》第三版（台北市：福智之聲出版社，2010）：P346-L2 ～ P365-L8

廣論止觀初探

修止資糧

講次0032
安住於相順的環境

　　大家好！很高興又到了我們一起學習《廣論》的時間了。這一週大家過得還好吧？前一週學的有複習嗎？還記得前面我們學了什麼嗎？我們學完了六個科判中的前五個科判，今天我們要學第六個科判。請大家把《廣論》書打開 346 頁第 2 行，看科判。有找到吧？跟我一起看原文。01'00"

　　第六、**各別學法，分三：**一、**學奢摩他法；**二、**學毗鉢舍那法；**三、**彼二雙運之法。初又分三：**一、**修止資糧；**二、**依止資糧修奢摩他之理；**三、**修已成就奢摩他量。今初：**01'28"

《廣論》段落

奢摩他校訂本：P32-L1 ～ P32-L8 第六、各別學法……夜靜聲寂。

福智第三版：P346-L2 ～ P346-L7 第六、各別學法……夜靜聲寂。

　　那我們解釋一下。分別學習的方法分為了三科：第一，學習奢摩他的方法；第二，學習毗缽舍那的方法；第三，止觀二者雙運的方法。第一科又分為三科：第一個是依寂止的資糧；第二是依寂止的資糧進而修持奢摩他的方法；第三個是透過修持而成就奢摩他的量。那麼現在我們來看第一個科判，第一個科判是什麼呀？「**修止資糧**」。02'16"

　　一般來說，無論修什麼法類都是需要資糧、順緣，就像學習前需要準備很多的順緣。無論修習什麼法類都需要排除障礙、成辦順緣，這樣我們所修的法類才容易修起來。在這之上，就如同文殊菩薩對宗大師所說的「三合引導」的這個教授——精勤淨罪集資，然後要勤奮地學習諸大教典，而且還要把上師與本尊視為無二無別而祈禱加持，這樣做就能夠生起什麼呀？生起那珍貴的覺受。03'09"

　　修任何法都是這樣，如果想要修奢摩他的話也是這樣——集資淨障，去除一切障礙、成辦一切順緣，修行就容易生起覺受。舉個例子來說，比如說種田，想要有好的收成，之前就要好好地耕耘。比如說春天到了，就會發現農夫把那個田耕得特別地仔細，然後再播種，並且適時地還要施肥，這些順緣都得要具備。而且在過程中，還有比如說像颳大風啊、降冰雹啊，還有莫名其妙的那個霜凍，這些都要避免、都要防止。因為沒有這些災害的話，能夠豐收是自然的道理；如果有這些災害的話，就得想辦法在災害來的時候，再保護那些正在生長著的莊稼。04'21"

所以我們的心續中是否能夠生起證悟，依止資糧是非常重要的！我再說一遍：我們的心續中能否生起證悟，依止資糧是非常重要的！能夠按照三合引導而修學，集資淨障、研讀諸大教典、視上師與本尊無二無別而殷重地祈禱、而殷重地祈求，證悟就非常容易生起來。所以大家這一點要努力呀！我們接著往下看。05'03"

諸瑜伽師當依速易成止之因──寂止資糧。05'12"

說瑜伽師啊，最初應當依止寂止的資糧，這是「**速**

「易成止之因」，就是能夠順利而快速地修成寂止的原因。看到這一行的時候，大家的注意力放在哪兒呢？比如說，哇！能夠迅速而容易地修成止，那到底什麼是因呢？「速易成」，為什麼這麼說呢？就是表示資糧是非常、非常重要的！我們希望很快地生起高深大法的證悟，卻不去累積生起證悟的因，這樣是不會有什麼結果的，所以首先成辦「成止之因」是非常、非常重要的！我們再往下看原文。有找到行吧？06'12"

> 其中有六：一、住隨順處，謂住具五德處：易於獲得，謂無大劬勞得衣食等；處所賢善，謂無猛獸等兇惡眾生，及無怨等之所居住；地土賢善，謂非引生疾病之地；伴友賢善，謂具良友戒見相同；具善妙相，謂日無多人，夜靜聲寂。06'48"

　　如果我們想要順利地、快速地修成寂止的話，就應該依止奢摩他的資糧。那止的資糧有幾個呢？答一下。對！有六個。第一個就是安住於相順的環境。那麼什麼是相順的環境呢？就是指具足五種功德的環境。那五種功德又是什麼呢？第一個功德是「**易於獲得**」。那我們就會思考：易於獲得什麼呢？是不費力地獲得衣食等，這個「易於獲得」。如果不容易獲得如法的生活資具，那就必須為了生活而前往城鎮求取這些資具。注意！這裡邊的「獲得」必須是如法地獲得，透過不善的貿易、不正當的行為所謀得的利潤及飲食等等，不是此處所說的「易於獲得」。如果特意尋找美味佳餚，到處去奔波，一定會成為修定的障礙，所以此處是指易於獲得能維持生命的這樣的衣食。08'19"

那麼這一條到底是要說什麼呢？大家想一想。主要是說要少欲知足吧！在後面也會說到。因為如果不知足的話，就會一而再、再而三地去求索更多的東西，所以最主要的他的心態還是要非常知足的。像密勒日巴尊者他在修行的時候，只吃少許營養的食物就能夠生起三摩地。其實吃到足夠就不用再多吃了，這是「易於獲得」主要要表達的意思。有沒有發現，它是在內心上這樣一個知足的感覺引生的「易於獲得」。09'18"

　　如果吃、住都要追求最好的受用，那樣的人他的內心是不穩定的，他的欲望也不會得到滿足感。即使是住在很好的住所，他還是會追求比現在的住所更好的地方，如果還有其他更好、更好的，那他又會去求索。所以有知足就容易獲得，沒有知足就難於獲得。這樣理解，大家有沒有會意到呢？ 09'51"

　　那麼我們再看第二個功德。第二個功德是「**處所賢善**」。處所賢善是什麼意思呢？就是沒有猛獸等兇殘的眾生。還有什麼呀？也沒有仇敵住在那裡，所以叫「處所賢善」，就是必須要沒有危及到生命的一些惡緣哪！所以如果安住在先輩大德加持過的地方，能得到那個地方的加持，那就是太美、太美了！所以修定的人是不應該住在毀壞誓言者居住的地方，還有僧團受到擾亂的地方，或者猛獸、盜賊居住的地方，住在這些地方都不利於修定，不應該在這裡修定。10'48"

　　那麼此處的誓言，是指什麼誓言呢？就是指我們承許一定要守護的，例如：我們所受的戒律，還有我們與上師之間的誓言。如果有人破戒了、壞戒了，或者對上師退失信心，這就是毀壞誓言，我們不應該與他們共住。有聽清楚吧？ 11'22"

今天就先上到這裡，希望大家回去好好地複習。謝謝大家！ 11'31"

講次0033
少欲、知足、捨棄眾多事務

　　大家好！很高興又到了我們一起學習《廣論》的時間了。上一次我們學到了修止的資糧，止的資糧有幾個還記得吧？有六個。第一個是安住於相順的環境。相順的環境是具足幾個功德呀？五種。那麼上一次我們學完了前兩個功德，第一個功德是什麼？「**易於獲得**」，也就是不費力氣地就會獲得衣食等。然後第二個功德是什麼啊？「**處所賢善**」，也就是修止的地方沒有猛獸呀，還有兇殘的眾生，也沒有仇敵住在那裡。01'05"

　　那麼今天我們繼續學習，請大家翻開《廣論》346頁第5行。有找到行吧？我們現在開始一起看原文：01'23"

《廣論》段落
奢摩他校訂本：P32-L6 ～ P33-L2 地土賢善……算星相等。
福智第三版：P346-L5 ～ P346-LL5 地土賢善……算星相等。

> 地土賢善，謂非引生疾病之地；伴友賢善，謂具良
> 友戒見相同；具善妙相，謂日無多人，夜靜聲寂。
> 01'45"

　　第三個功德就是「**地土賢善**」。地土賢善是指什麼呢？就是不會引生疾病的地方，這就是地土賢善。比如說有的地方太潮溼了的話也不行，太過寒冷也不行，太過暴熱——這個可能就是如果不是那個地方的人，去了一個暴熱的地方可能就很容易生病。所以「地土賢善」是指不會引生疾病的地方。02'20"

　　第四個功德是「**伴友賢善**」。看一看「伴友賢善」，肯定是講修定的伙伴了。大家會想：修定還有伙伴？不是一個人在山上嗎？是要有伙伴的。說具足戒律與知見相同這樣的友伴，所以稱為「伴友賢善」。看看他是戒律和知見都一樣！02'46"

　　那麼具足戒律和見解的相同，這裡的見解有沒有想過是指什麼呢？是不是指空性見呢？此處主要的不是指空性

見，此處主要是指世間的正見。什麼是世間的正見，還記得嗎？就是業果見。03'09"

這裡沒有說要很多友伴，而是有的上師說要一、兩位具有賢善的戒律，在見解上也相同的友伴待在一起的話，就會有好的緣起，所以這就是「伴友賢善」。從這點也可以看到平常在寺院裡跟僧人共住是很重要的，因為他們都具足戒律、見解相同。03'39"

那麼在《掌中解脫》中也有這樣說：初業行者離開友伴是很危險的。以前也聽說過，說出家人離開僧團是很危險的；上師也這樣說，說一定要居住在僧團裡邊。那麼初業行者離開友伴是危險的，法友——就要求要有法友，法友不能少於三位。所以如果見行一致的話，多行不行啊？當然也無妨。關鍵是不論多寡，法友，什麼叫法友？要能夠在我們可能出現一些不如法的或者失念的地方，至少法友應該要能夠給予警告的眼神，就是「哎！你這樣不太對囉！」我們的法友不是放蕩不羈之人！就是要選擇戒律賢善的這樣的友伴，見解相同。04'39"

那麼下一個是什麼？第五個功德了，對吧？第五個功德是什麼？看書，對！「**具足善妙**」。具足善妙是指什麼呢？它就涉及到時間了。比如說白天它沒有人群喧鬧的聲音，就是人不是特別多，像有的住處它靠近遊樂場啊，或者靠近一個什麼地方，喇叭、車的各種聲音那個是沒辦法的。所以白天沒有人群喧鬧的聲音，那夜晚也要寧靜無聲，還要沒有河流的聲音。還有風聲，吹動樹林的風聲就是很大吧！還有這裡邊有上師講到狗吠聲音也是，因為狗會突然叫可能會嚇到修定的人。05'30"

所以我們修定的這個具足善妙，也是有這麼多的要求，因為住在這樣的地方才比較容易修定。夜晚沒有湍急的水聲、風聲等許多聲音的地方，為什麼呢？因為如果有許多聲音都發出來的話，大家知道在禪定來說聲音是「等持之刺」，在修奢摩他的時候如果周遭發出聲響，哇！會使修行人內心動搖、無法安住，是很大的障礙。06'09"

這五個功德是出自哪裡呢？接著宗大師引了《經莊嚴論》。我們再往下看：06'20"

如《莊嚴經論》亦云：「具慧修行處，善得賢善處，善地及善友，瑜伽安樂具。」06'32"

那麼這一段是在講什麼呢？《經莊嚴論》中也這樣說，說具足智慧者修行的環境，是：善於獲得、處所賢善、地域良好、友伴良好，而且具足瑜伽安樂的資具。06'50"

在博朵瓦大師的弟子慧金剛他所寫的《喻法寶聚詳解》中也有說過，他說：「上師說」，注意喔！上師說——舉例子了！譬如到一個未曾去過的市集，比如說很多商鋪的地方、商人聚會的地方，或者大戲台，就算再怎麼認真也會被逛街這件事迷住，然後到了晚上發現丟了東西，有的人甚至丟了所有的東西。同樣地，我們初發業者住在眾人聚會或特別散亂的地方的話，就是以前稍微思惟的那些用功的地方也容易失去，也會失去喔！那個時候再怎麼認真，也將在散亂的路上空度了人生，因此樂於在人群中並且愛找事的人難有善行，其中更難有靜慮。08'03"

有沒有發現在修定的時候上師的要求是這樣的，就是真的不能老特別去熱鬧的地方，特別地散亂，這樣的話就沒有時間修定了，也無法專注。08'18"

那麼接著我們再往下看，看原文：08'24"

二、**少欲**，無增上貪眾多上妙法衣等事。三、**知足**，但得微劣法衣等物，常能知足。四、**斷諸雜務**，皆當斷除行貿易等諸惡事業，或太親近在家、出家，或行醫藥、算星相等。08'50"

解釋一下，第二個是什麼啊？是「**少欲**」，是指不要過分地貪著上等或者眾多的法衣等等。第三個是「**知足**」，是指僅僅獲得粗劣的法衣等，就能夠常常地知足。第四個是完全捨棄眾多的事務，是指完全捨棄什麼？買賣、貿易等下劣的行為，以及與僧、俗太過親近，或者從事醫療與曆算這種算卦啊、看病啊等等，從事醫療，這些都是修定的人應當要捨棄的。因為一旦做了這些事情，應該是沒法專注於所緣的，對不對？所緣太多了。09'50"

「**雜務**」是什麼？比如說進行買東西、賣東西，還有一些不好的事業；還有交遊太廣泛，有太多的在家和出家的朋友跟自己相處，這樣的話，就會閒談啊、聚會啊，還免不了可能對誰品頭論足，有些人沉溺於算命、給人算卦呀，這些全部都是要斷除的。10'23"

對於我們修學奢摩他的人來說，必須要遠離世間的買賣這些行為。真的！跟居士或者出家人、出家法師都不能過度地親近，因為修止幾乎是一個隔絕的狀態，盡量地、盡可能地隔絕跟他人的往來。因為它是一個心於善所緣上要專注的一件事情，要是老是跟人打交道就沒法專注在內心的善所緣上。大家有沒有聽清楚？10'57"

然後發現了：哇！這麼多要求，大家聽了之後是躍躍欲試呢？還是心又退怯了？不管怎樣，還是要對修止發起很強的希求心啊！因為雖然要求是滿多的，但是得到了止之後也實在是令人神往！因為得到了止之後我們就可以修觀，得到止觀雙運，就可以用那個很強的力量去切斷生死輪迴的根本、執持著空性見，對不對？這還是非常非常令人期待的！今天就講到這兒，謝謝大家！11'37"

講次0034
戒律清淨、捨棄欲求等分別

　　大家好！很高興又到了我們一起學習《廣論》的時間了。今天我們會繼續學習止的資糧，請大家翻開《廣論》346頁倒數第5行，請看原文。有找到行吧？ 00'36"

> ^{五、}清淨尸羅，於別解脫及菩薩律，皆不應犯性罪、遮罪，破壞學處；設放逸犯，速生追悔，如法還淨。 00'57"

　　第五個是戒律清淨，是指對於別解脫律儀和菩薩律不違犯性罪與遮罪的學處，即使由於放逸而毀犯了學處，也要迅速地，注意！迅速地追悔而如法還淨。 01'16"

《廣論》段落
奢摩他校訂本：P33-L2 ～ P33-L8 ^{五、}清淨尸羅……應當廣知。
福智第三版：P346-LL5 ～ P346-LL1 五、清淨尸羅……應當廣知。

　　這裡邊講到了「**性罪**」與「**遮罪**」，那麼什麼是「**性罪**」呢？性罪就是指佛陀雖然沒有制戒規定這件事不能做，由於這件事本性罪惡，做了就會造罪，這種罪就是性罪，就自害害人。無論佛陀制不制不殺生戒，殺生就會有罪，所以殺生是性罪。那麼什麼是「**遮罪**」呢？佛陀還沒有制戒規定這件事應不應該做之前，無論做與不做都不會造罪；但是佛陀制戒以後，受戒者違反這個戒條的話就會造罪。這件事做或者不做是否有罪，觀待於什麼呀？觀待於佛陀是否遮止，所以它稱為遮罪。譬如八關齋戒，像居士在受八關齋戒期間，如果坐臥高廣大床的話就會有罪；但如果居士不是在受八關齋戒的時間，坐臥高廣大床是不會有罪的。還有具戒的比丘沒有病緣非時食，也是遮罪。02'38"

　　要成辦清淨的三摩地，必須依靠增上戒學。我再說一遍：要成辦清淨的三摩地，必須依靠增上戒學。一般來說守護戒律要怎麼辦啊？要依止正念和正知，依止正念和正知是非常重要的。那麼在修習奢摩他前要做什麼啊？先守護戒律，能依止正念正知而護戒的話，這本身就是修定的前行。我再說一遍：能依止正知正念而護戒的話，這本身就是修定的前行，所以是極為極為重要的！要依靠戒而修定，再說一遍：要依靠戒而修定！ 03'43"

那麼我們再往下看。有找到行嗎？「六」，找到行吧？ 03'51"

六、斷除欲等諸惡尋思，謂於諸欲，當修殺、縛等現法過患，及墮惡趣等當來過患。又生死中愛、非愛事，皆是無常可破壞法，此定不久與我分離，何為於彼而起增上貪等？應如是修，斷除一切諸欲尋思。此如《修次中篇》之意而說，於《聲聞地》應當廣知。 04'29"

解釋一下這一段。是說第六個是要完全捨棄貪欲等分別。這個是指對於貪欲修持殺戮、束縛等今生的過患，以及墮落惡趣就是它未來的過患。由於貪欲有可能導致現世會遭到比如說被殺、被綁架，然後來世也有可能由於貪欲會墮落惡趣。或者心想：生死當中悅、不悅意的一切事物，注意！或者心想：生死當中悅、不悅意的一切事物，都是具有無常壞滅的特徵，這一切必定不久就和我分離，既然如此，我為什麼還要過分地貪著這些事物呢？應當如此地修持，捨棄一切貪欲的分別，就是要捨棄貪欲的那些念頭綁住心的那種狀況。05'46"

如月格西解釋說這裡邊的「**欲**」，就包含了所有與道不相順的追求、貪求，例如五欲、這些名聲等等。前面的「**少欲**」是指不過度地貪求上好或者眾多的物品，這裡是指要思惟貪求及所有貪的這些物品的過患。那麼第六個跟前面第二個這個「少欲」，再去探討一下差別在哪裡呢？「少欲」是指破除對現世現有的五欲的貪著；而這裡要斷除的是指對現世的安樂、對後世的安樂，乃至對生死輪轉的安樂的貪著。06'38"

第二世妙音笑大師看到僧眾──看看祖師的行誼喔！二世妙音笑大師看到僧眾個人如果有許多物品，他就會示現不太歡喜。他要求僧眾不要擁有太多的東西，也就是不能自己周圍蓄積太多的物品，因為如果個人物品過多的話，自己很容易受到干擾，心也容易散亂。自己待的地方如果東西少一些的話會比較好；如果東西多了，放在自己看得到的地方，心也就容易散亂到那些地方去，所以在自己周圍不要放許多東西的用意也在這裡邊。像師父也很強調出家人不要蓄積太多的東西，一定要少欲知足。這個在修止的時候我們就會知道，我們常常修習少欲知足的話，那時候會省很多力氣。07'43"

第六點大致也含攝到第二點的少欲當中，但第六點特別的是指從自己的意樂上要斷除貪的這個欲念尋思，如果無法斷除這樣的尋思就很難少欲。所以第六點主要是從斷除尋思這個念想上而說的。08'13"

在《喻法寶聚詳解》中也有說：我們修靜慮的人，對於外在的一切事物沒有少欲知足的話，即使居處在一個很僻靜的地方，那麼心也會被探索啊、議論這些想法帶走。心帶走了之後腳就留不住了，為了一點微小的欲求，就急急忙忙地跑到散亂的人群當中去了。假如覺得這樣做是不對的，強制身體坐下，身體雖然處於座位上，但是心也早都跑到集市上去了。因此我們以前都被現世的欲望散亂了內心，沒法讓我們的心去修習靜慮。就像說：「**心意渙散者，危陷惑牙間。**」這是《入行論》上的偈子。對這些欲望如果不想辦法減少的話，大家想一想：能夠得到增長靜慮的方便嗎？能夠專心修定嗎？是很難的，幾乎是不可能的！所以如果欲望不想辦法減少的話，就得不到增長靜慮的方便。因此，一切的根本歸結於斷除欲望、斷除欲望！ 09'42"

以上我們學完了六種奢摩他的資糧。宗大師講了六種奢摩他的資糧，是按照《修次中篇》中的意趣而說，詳細的內容應當從《聲聞地》中廣泛地了知。宗大師解釋的任何修定的資糧，都是依據著傳承的教典。所以對這樣的教言要生起淨信，好好地執持在心中依之而修！你們覺得呢？今天就講到這裡，下週再見！ 10'31"

講次0035
修止資糧極為重要

　　大家好！很高興又到了我們一起學習《廣論》的時間了。今天我們繼續學習止的資糧，請大家翻開《廣論》第347頁第1行。看原文：00'38"

> 如是六法能攝妙定未生新生、生已不退安住、增長因緣宗要，尤以清淨尸羅、觀欲過患、住相順處為其主要。00'58"

　　那麼解釋一下。前邊這六種法、六種資糧，統攝了新生起賢善等持、生起後不退失而安住，以及向上增長的這個因緣的關鍵。尤其戒律清淨、視貪欲為過患，以及安住於相順的環境這三個，注意！這三個是最主要的。01'28"

《廣論》段落
奢摩他校訂本：P33L8 ～ P34-L8 如是六法……極為主要。
福智第三版：P347-L1 ～ P347-L6 如是六法……極為主要。

在《喻法寶聚詳解》中有說：譬喻——就是一個乾淨無垢的器皿內，如果倒進了潔淨的水的話，無分深淺都能夠澄澈明淨，其中就可以清晰地顯現月亮的倒影。同樣地，一位具足如乾淨的器皿一般的清淨戒律的人，就是他的心好像一個淨器一樣，他修習如潔淨水般的上師教授，首先就能夠生起一個澄淨的寂止三摩地，其中可以顯現如月亮倒影般的勝觀。譬如依靠增上戒，能夠生起增上三摩地，從它能生起什麼呀？增上慧。然後用它根除煩惱而得到遍智，所以最初需要安住增上戒學的律儀及誓言，並且要清淨。那時候心由於無悔使心能夠堪能，而且相續自然地就生起三摩地。注意喔！因此，大家想一想：靜慮的主因是什麼？靜慮的主因原來是戒律啊！ 03'00"

在奢摩他的時候讚歎戒律的原因是：奢摩他主要是透過什麼？正念正知來成就的。戒律清淨也需要什麼？需要依靠憶念制限的這個正念，以及檢視——就是自己看自己——有沒有違背這個戒律、「制限」就是戒律的正知；限制——各種我們的規矩。然後依靠正念正知來做什麼？守護。有清淨的戒律的話，正念正知自然就能夠生起了。

所以在修奢摩他的時候，注意！在修奢摩他的時候就不需要再重新修習正念正知了，因為你那正念正知已經很強，它是一個續流、是一個習慣，而且是一個不需要怎麼策勵，就像如影隨形跟著自己的一個影子一樣──正念正知，非常輕鬆了。這一段很發人深省啊！大家要好好地思考一下。04'12"

那麼我們再往下看。有找到行嗎？04'17"

> **善知識敦巴云：「我等唯覺是教授過，專求教授。然定不生，是未安住資糧所致。」言資糧者，即前六等。** 04'36"

哪位大善知識說了？善知識種敦巴尊者曾經這樣說：「我們呀，總覺得完全歸咎於口訣教授，只是尋覓口訣教授，可是定卻無法生起來，其實是應該歸咎於什麼呀？沒有安住於資糧。」那麼種敦巴尊者所說的「資糧」指的是什麼？就是前面說的六種資糧。05'10"

看看！大善知識關於修定的教授，也是再再地強調了資糧。很多人會認為：「他沒有得到上師的指導，可能是沒有口訣教授修不起來。」其實最重要的，你看！上面經典啊、善知識們都如是說：資糧！很重要的資糧！05'31"

接著我們再往下看，看原文：「**又前四度**」，有沒有找到行呀？05'42"

> **又前四度，即是第五靜慮資糧，《修次初篇》云：「若能不著利等諸欲，善住尸羅，性忍眾苦，勤發精進，速能引發正奢摩他。故《解深密經》等，亦說施等為後後因。」** 06'08"

那麼這一段在講什麼呢？說：另外，前四度會成為第五度靜慮度的資糧。注意哦！這六度裡邊前四度。前四度是什麼呀？布施、持戒，什麼？忍辱、精進，對吧？它會成為第五度靜慮度的資糧。因為在《修次初篇》中說過：不顧財物等所欲求的這個事物，善安住於戒律，具有——注意——忍耐痛苦的本性，然後如果發起精進的話，就能夠迅速地修成奢摩他。因此《解深密經》等經典，也開示了布施等是後後的因啊！ 06'54"

我們再往下看，看原文。有找到吧？ 07'00"

《道炬論》亦云：「失壞止支分，雖勵力修習，縱經多千年，不能成正定。」故真欲修止觀定者，應勵力集《聲聞地》中正奢摩他十三支分或資糧等，極為主要。 07'24"

我們來解釋這一段，注意！《道炬論》中也這樣說：「失去了寂止的支分——這裡的支分就是資糧的意思——失去了寂止的資糧，即使極其勤奮地修持了好幾千年，也沒法修成等持的。」阿底峽尊者語重心長地告訴我們集聚資糧的重要性，如果不具備止的資糧，即便我們非常費力地修定，修定上千年、好幾個千年，都沒辦法得定的。因此，發自內心真正想要修成止觀等持的人們呀！要努力地積集《聲聞地》所說的奢摩他十三種支分或者資糧，這是極其重要的呀！ 08'24"

前面舉了祖師的很多語錄，現在這裡邊又是阿底峽尊者再再地告誡我們資糧的重要性！所以有些人一說修定，急急忙忙都沒有聽教授就趕快想要知道，趕快打坐呀，然後就是一天坐多長時間，這個時間先規定好。可是如果對這個資糧的重要性，沒有透過清淨的傳承來聽聞的話，可能費了很大的力氣，這裡面說好幾個千年都修不出來，原來是資糧出了問題呀！所以得到清淨的教授是非常重要的！大家覺得呢？ 09'08"

關於「十三種資糧」在《聲聞地》中有說，我們看一下。《聲聞地》說：「謂若自圓滿、若他圓滿、若善法欲、若戒律儀、若根律儀、若於食知量、若初夜後夜常勤修習覺寤瑜伽、若正知而住、若善友性、若聞正法若思正法、若無障礙、若修惠捨、若沙門莊嚴。如是等法是名世間及出世間諸離欲道趣向資糧。」09'48"

前面已經再再地講、反覆地講了什麼呀？要積集資糧，說要具足這個條件。這個「資糧」，我們知道說起來是挺容易，那為什麼要再再地強調這個問題呀？真的要修成圓滿的奢摩他，現在我們的所作所為的這些——就是我們現在沒有修奢摩他那些——實際上意義大不大呢？做的這些事到底能不能放下呢？對不對？放下自己掛心的那些事、那些人，然後專注於善所緣，到底能不能做到呀？10'37"

過去有人請問阿底峽尊者說：「為什麼西藏修行人那麼多，成就的卻那麼少，幾乎沒有？」阿底峽尊者回答說：「你們創造的修法的條件不足，條件不充實，那大家怎麼會成就呢？你們怎麼會成就呢？」由此可見，修奢摩他之前，累積資糧是多麼地重要、多麼地重要！ 11'12"

所以大家要再再地聽聞、再再地思考，一定要改變自己原來認為修定好像很容易的，兩腿一盤就可以了。可是前邊那些戒律是非常非常重要的！這些傳承善知識們的叮嚀，還有這些教授，我們能聽聞到這樣的教授依之而行，比如說重視到「累積資糧」，那麼沿著這樣清淨的教授去修習的話，為什麼修不成？ 11'42"

所以，再說一遍：由此可見，修奢摩他之前，累積資糧實在是太重要！太重要了！ 11'56"

今天就上到這兒，下週見。謝謝大家！ 12'01"

廣論止觀初探

身何威儀而修

講次0036
修止的身威儀（一）

大家好！很高興又到了我們一起學習《廣論》的時間了。前面的部分學完了止的資糧，那麼今天我們要接著往下學習。當我們具備了止的資糧之後，該如何學習修習奢摩他的方法呢？請大家翻開《廣論》347頁第7行，看科判。有找到行吧？ 00'46"

> **第二、依止資糧修奢摩他之理，分二：一、加行；二、正行。今初：** 00'55"

依靠著奢摩他的資糧而修習奢摩他的方法分為幾科？分為兩科：第一、加行；第二、正行。那麼我們來看第一科，也就是加行。 01'14"

《廣論》段落
奢摩他校訂本：P34-L9 ～ P35-L8 第二、依止資糧……平齊而住。
福智第三版：P347-L7 ～ P347-L13 第二、依止資糧……平齊而住。

修如前說加行六法，尤應久修大菩提心。又應淨修共中、下士所緣自體，為菩提心之支分。 01'30"

應該修習「道前基礎」的時候講過的六種加行法，尤其要長久地修持、長久地修持菩提心。也要修習作為菩提心的支分——共中士、共下士的所緣體性。這就是加行的部分。也就是要前面道次第的基礎，尤其是要長久修習大菩提心，在菩提心的攝持下來修奢摩他。02'11"

如果我們主修奢摩他的話，就是要把重心放在修定上，對不對？那麼初學者一定要記得，它有一個經驗就是次數要多，但每一次的時間不宜太長，就是短一點。因為如果一開始初學者上來修行，一下子一座規定的時間太長的話，可能我們就會產生各種障礙，久了之後就會對修禪定感到畏懼或者厭倦。像正開始修的時候，一天二十四小時除了休息、睡眠以外，還有飲食，那幾乎就都是在修習奢摩他。如果沒有菩提心的攝持的話，我們在修學禪定的時候，有的時候甚至有可能會變成無記的狀態，但是如果以菩提心的攝持來修禪定，那麼無論修定修多久，都是在修什麼呀？都是在修大乘法。03'26"

　　如果我們覺得內心有一點穩定了，禪定的力量也增長的話，這個時候才啟白善知識，看看可不可以去專門地閉關，到一個非常幽靜的地方、深山或者一個阿蘭若處，然後去閉關成辦奢摩他。那我們再往下看：03'54"

第二、正行，分二：¹ˋ身何威儀而修；²ˋ正釋修習之次第。今初：04'07"

　　第二科正行，分為兩科：第一是以什麼樣的身威儀來修持；第二是正說修持的次第。我們看第一個科判，有找到書吧？04'23"

　　如《修次中篇》、《下篇》所說，於極柔軟安樂坐墊具身威儀八法。其中足者，謂全跏趺，如毘盧遮那佛坐，或半跏趺，應如是行。眼者，謂不應太開，亦非太閉，垂注鼻端。身者，謂非過後仰，亦

莫太前屈，內住正念端身而坐。肩者，謂平齊而住。05'05"

　　那麼這一段是在開始講具體的打坐方式——威儀、身威儀。如同《修次中篇》與《修次下篇》所說的，修定的人——首先要介紹這個坐墊，那麼要坐在什麼樣的坐墊上呢？他說坐在極為柔軟舒適的坐墊上。但是實際上如果坐墊太軟了的話，一坐人要是陷下去了是不太行的。所以它這個「極為柔軟」就是不能陷下去，它要以一個柔軟適度的狀態，能夠把自己撐起來的一個狀態——別忘了那兩個字，叫「舒適」的這個坐墊上。05'52"

　　那麼身體、身體應該具足什麼樣的姿勢呢？比如說身體的姿勢要具足幾法啊？八法。那麼八法是哪八法呢？足、眼、身、肩、頭、齒唇、舌、息。其中的足部，應該就是按照毗盧遮那佛跏趺坐，全跏趺或者半跏趺坐都可以。打坐的時候，或者採用雙盤——或者有的人盤不了，有的人雙盤的時候就是像要快站起來一樣——或者用單盤的方式來打坐。06'41"

　　這個一開始的時候，有一些人可能會覺得很辛苦，訓練的時候因為一開始時間是短的，所以也不用太緊張。那麼先把這個腿放好，其實如果是不常雙盤或者單盤的人，一開始盤上，就是說把腿放了之後，你要再自己動一動，動到一個非常舒適的姿勢。或者你沿著這樣的姿勢可以坐很久，能坐得住的這樣一個單盤或雙盤。不要把腿一盤就不動了，你要活動一下，調整到一個很舒服的姿勢。所以，這是要經驗的。07'26"

　　那麼腿盤完之後，接著就講了眼睛。眼睛是很重要的，有些人修定的時候，眼睛喜歡睜得很大，還有的人就閉起來了，這都是不可以的。眼睛不可以睜得太開、太大，也不可以太過緊閉，應該要垂注鼻尖，這樣。有人說：喔！眼睛要注視鼻尖。有的人就用力地看鼻尖，這樣子也會不太舒服，就會很累。所以這個垂注鼻尖也是一種鬆弛有度這樣一個狀態。08'08"

　　宗大師特別強調修定的時候絕不可以閉著眼睛的。有的人會覺得閉著眼睛比較容易專注，好像不會眼睛亂看，但是這是不具備清淨傳承的修法。像我所有的善知識們都不讓閉眼睛的，修定是不可以閉眼睛。但是也記著！也是不能睜得太開，不能太閉、不能太開，而是要垂簾注視自己的鼻端。這是眼睛。08'54"

那麼眼睛調整好了之後，接著就是身姿——這個身體。身體是不可以太過後仰，它的姿勢不太正確，因為這樣的姿勢堅持不了多久。然後也不能前傾，它要取一個非常端正的坐姿，比如你單盤或者雙盤，它是很端正的而且很挺直。挺直便於你的呼吸還有提正念都比較方便，正念內守而安坐。然後這裡邊還要強調一下我們的肩膀，肩膀要保持平齊，就是不能斜著，或者有點這樣（前傾）的都不可以。09'40"

還有的人打坐的時候這個手臂喜歡這樣（夾腋下），這樣是不行的，這個手臂不能非常緊地貼著身體，要手臂稍稍微開一下。有的善知識說，還要風能從那個通過會比較舒服。如果這個部分太緊貼著身體的話，其實可能是不太容易放鬆，它處在一種某個部位非常緊張的狀態，這樣的話也是不如法。10'15"

　　那麼講了這樣的姿勢之後，你想訓練的時候就要照著經典上這樣去訓練自己。光是一個單盤或者雙盤，把身子坐正的這件事就要練習。因為有些人就是怎麼坐都坐不正，比如說頭就是放不正，眼睛也放不對，然後肩膀也放不對。所以要耐心一點兒，要一點點地練習。有沒有聽清楚啊？10'46"

　　總結一下：就是這個身體要坐正，不能駝背。有一些人平常有駝背的習慣，所以練這個坐姿的時候就會非常地辛苦，因為稍稍一放鬆就開始駝背。一駝背這個是絕對不能過關！如果在禪堂裡的話，可能老師就用那個戒尺要敲一下！所以，雖然他要求你坐得非常地端正，端正不是特別用力、特別僵硬，一定要注意鬆弛有度，因為這樣才會有一種很愉悅的身姿。擺好了之後，還能坐得久一點。所以在學習坐直的這一點，大家要注意鬆弛有度，然後不要太過僵硬，也不要太鬆，太鬆就洩掉了，因為也不太利於提正念。11'58"

有沒有聽清楚？今天就先講到這裡，下次繼續講。

12'05"

講次0037
修止的身威儀（二）

大家好！今天我們要繼續學習《廣論》止觀的部分。上一次我們學到了修定時候的威儀，今天我們繼續學，請大家翻開《廣論》347頁最後一行。看原文。00'38"

> 頭者，莫揚莫低，莫歪一方，自鼻至臍正直而住。齒與唇者，隨自然住。舌者，令抵上齒。息者，內外出入莫令有聲、粗猛、急滑，必使出入無所知覺，全無功用徐徐而轉，應如是行。01'13"

現在就講到身威儀的頭部了！頭，說不應該抬高，也不應該太低垂，也不要向一側偏斜，頭要放正。我也看過很多練習修定的人，頭放正很困難，總是歪向一邊，但是

《廣論》段落
奢摩他校訂本：P35L8 ～ P36-L8 頭者……如說善修。
福智第三版：P347-L13 ～ P348-L6 頭者……如說善修。

他自己沒有感覺。這個時候旁邊如果有人告訴自己一下頭放正，其實對有些人來說也不太容易。那麼頭放正了之後，接著就要看鼻子，鼻子到肚臍是要保持筆直的。牙齒還有唇部——嘴唇要保持自然，嘴不要太用力，然後舌頭抵上顎，就是抵上排牙齒。他前面說到眼睛要垂著，頭要放鬆，不能太低、太高，鼻子到肚臍是一條線，牙齒——就是舌頭要抵上顎，這都是面部的一個放鬆的、容易提正念的方法。02'38"

那麼這個做好了之後，臉上的表情是一個很放鬆的狀態，是很自然的，不能太僵硬。嘴唇不能太用力，舌抵上顎一定是必須的，這個不能忘記。因為在沒有修定的時候，很多人可能不習慣舌抵上顎，但是常常修定的話，當我們放鬆的時候就會自然地舌抵上顎。03'06"

接下來就到了呼吸了。呼吸，這裡邊有要求說呼吸的氣息進出要避免有聲音。就是吸氣——有的人吸氣很大聲——出氣都不可以有聲音，是靜靜地，也不可以粗猛、也不可以浮躁，應當做到盡可能地感受不到氣息的出入。

就是你感受不到，它非常輕柔的，它是完全不費力氣地、緩緩地一個呼吸的狀態。03'52"

沒有在修定的時候，如果不觀察自己的呼吸的話，很多人是也感受不到自己的呼吸。比如說我們生煩惱、我們生氣的時候，呼吸就是不太對的；有的是著急的時候，呼吸也是有點急躁。在修定的時候要盡可能地控制我們的呼吸，說控制也好，說調它也好，調到一個非常靜的、很自如的、流暢的狀態，不能過度地急促。有人說數息，然後用力吸，這樣數也是不可以的；也不可以一會兒快、一會兒慢。我們自己的呼吸輕柔到什麼程度呢？輕到自己都覺察不到了，那麼輕。這是呼吸的部分，會覺得難嗎？其實慢慢地練起來的時候，會慢慢地自然就到一個這樣的狀態，功夫是不負苦心人的喔！05'02"

那麼接下來我們再往下看。《聲聞地》，有找到行吧？05'13"

《聲聞地》說於佛所許或床、或座、或草敷上，結跏趺坐，有五因相：一、善斂其身速發輕安，由此威儀順生輕安故。二、由此宴坐能經久時，以此威儀不極令身疾疲倦故。三、由此威儀不共外道及異論故。四、由此威儀宴坐令他見已極信敬故。五、由此威儀，佛、佛弟子共所開許、共依止故。正觀如是五因相故，說應結跏趺坐。端正身者，是說為令不生昏沈、睡眠。如是先應令身具八威儀，尤於調息如說善修。06'23"

　　這一段是在《聲聞地》裡提到，說在佛陀開許的座位、小座，或者草墊子上，就是柔軟舒適的那個座位，要雙盤結跏趺坐或者單盤。那麼就有一個問題說：為什麼一定要單盤或雙盤呢？沒有讓站著修或者躺著修，一定要坐著，而且這個腿要盤起來或單或雙，是為什麼？下面就介紹了一定要單盤或雙盤修定的原因。第一個原因，如果善加收斂身體，由於這樣的威儀與生起輕安是相順的，所以能非常迅速地生起輕安。單盤或者雙盤，身體處在收斂的一個狀態，就是他的下盤是收斂的，這樣收斂非常容易生起輕安，它是相順的，容易到時很迅速地生起輕安。你這

樣坐著修定會比較快，而且還有一個原因，就是這樣坐著
其實比較舒服。07'38"

　　第二個原因，就是他能夠維持長時間地端坐，而且這
樣的威儀不會讓身體極度疲累。確實是這樣的。就像一個
穩固的架子一樣把身體穩定在這個地方，然後你的腰、你
的腿、肩膀、頭、鼻子、眼睛、嘴巴、舌抵上顎都放好了
之後，它就是一個非常穩定的坐姿。穩定之後，呼吸還放
得那麼地輕柔，幾乎都快感覺不到了。這個時候其實你可
以非常長時間地端坐，它不太容易累到不行，因為這是一
個讓我們的身體很放鬆的、很有支撐的坐姿，它可以長久
地端坐，所以是非常好的坐姿。08'31"

　　那麼第三個原因，就是這種姿勢不共於外道還有諍論
的敵方，就是它是很不共的，佛弟子很不共的。08'46"

　　第四個原因是他人見到這種威儀端坐，就會生起至極
的淨信。大家都看過打坐的人吧？看那個坐的佛像。我以
前去朝舍利塔的時候，常常在塔旁邊會看到端坐的比丘，

也有居士，只是威儀放正，收斂、垂簾這樣坐的時候，真的是非常非常地莊嚴，看到之後真的很容易生起淨信。有的比丘靜坐，有的人過去就會在遠方悄悄地頂禮他，所以這是容易讓看到的人生起至極的淨信的一種威儀。09'48"

那麼第五個原因，就是佛陀與佛陀的聲聞弟子都開許，並依止、實踐這種威儀。這種威儀我們去尋一下的話，那是哪裡來的？是佛陀，還有佛陀的很多聲聞，他們都已經真實地依止、實踐這種威儀，還有菩薩也是一樣。所以這裡的「**佛弟子**」藏文直譯過來就是「佛聲聞」，就是佛陀的聲聞弟子；古代的譯師有時候會把「佛弟子」與「佛聲聞」通用。10'25"

所以，見到這五種原因，就應該練習結跏趺坐。說到身體端正挺直是為了不產生昏沉與睡眠，所以最初應當按照前面所說的修持八種身體的威儀或姿勢。尤其是氣息——氣息要平緩，還記得吧？就是要輕到自己都好像發現不了了。不知道大家有沒有體會過那麼輕、那麼柔的呼吸呢？在那種呼吸的狀態下，我們的身體應該是非常非常舒適的。11'18"

　　那麼學了這個方法之後，大家不要著急，就像一招一式都要認真地練。比如說只是練這個垂簾，有的人就不習慣，一直要睜大眼睛或者閉眼睛，有的人就不停地閉眼睛，因為以前養成習慣了一上座就開始閉眼睛。所以你要習慣不要閉緊眼睛，要垂簾，就是要把這個不正確的方式調整過來。還有我前面說的太緊或太鬆，這都是不可以的，前面講過這些問題。11'59"

　　然後一定不要忘了舌抵上顎，它是抵上去的；這邊是一條線；頭要擺正、雙肩要擺正，單跏趺 —— 單盤或雙盤；坐墊也要注意一下，它要很舒服。像以前在學習靜坐的時候，善知識還會講說事先要把房間通風一下，因為如果不通風的話你在那兒坐著會很不舒服，先通風一下。但是如果你在室內靜坐的話可能吹空調是不行的，很熱然後你就吹空調，或者風扇用力地吹，這都不可以的，因為可能坐完了之後會得各種毛病。12'43"

在冷的地方，像有的老師說一定要注意把腿包起來，然後把腰也用一個不能太熱也不能太涼的圍巾或什麼把它圍起來。因為你弄得太熱，圍一會兒之後就非常地熱，然後你就要因為這件事分心再調整一下！ 13'04"

所以在打坐的時候它的準備要求還是滿多的，這點就不能急躁，要一項一項的。現在不是流行那個寫清單嗎？你就是一個單子、一個單子寫，照本操練。因為如果你不照著這樣的姿勢來練的話，對修定會產生很多障礙。如果已經養成了一個跟這上面講的不一樣的修定的習慣，我建議還是要勇敢地改過來，要依照傳承來修定，這樣會比較不容易出問題！ 13'38"

切記修定的時候不要後背靠著椅子，背靠著是絕對不可以的，後背一定要是虛著的，不能靠東西。還有不能吃得太飽，吃飽了就去坐著，那就只能睡覺、只能昏沉了。所以這都是很重要的條件！ 14'03"

學了毗盧八法修定的威儀，這樣對我們能夠迅速地生起奢摩他是非常重要的。而且這是佛菩薩，佛和他的聲聞弟子實踐過的坐姿，我們沿著這樣的要求也是可以修起定來的。希望大家對自己耐心一點，一招一式地把它練起來。謝謝！ 14'32"

廣論止觀初探

正釋修習之次第

講次0038
諸大教典中的修定方法（一）

大家好！很高興又到了我們一起學習《廣論》的時間了，這一週你們過得還好吧？上一次我們學完了「**身何威儀而修**」，主要是學習毗盧八法，那麼今天我們會接著向下學。請大家翻開《廣論》348頁第7行，請看原文：00'40"

> ^{第二、}**正釋修習之次第者：諸《道次第》多依《辨中邊論》所說，由八斷行斷五過失，修奢摩他。善知識拉梭瓦所傳之教授，謂於彼上須加《聲聞地》所說六力、四種作意及九住心而修。** 01'09"

正說修持的次第，大多數的《道次第》都是宣說從

《廣論》段落

奢摩他校訂本：P36-L9 ～ P37-L9 ^{第二、}正釋修習……得清淨解。

福智第三版：P348-L7 ～ P348-L13 第二、正釋修習……得清淨解。

《辨中邊論》所說斷除五種過失的八種斷行這樣的一個角度來修持奢摩他。《辨中邊論》是至尊彌勒為無著菩薩宣說的慈氏五論中其中的一部論。那《辨中邊論》提到的八斷行，到底什麼是八斷行呢？其實就是指八個對治品。那麼這八個對治品到底是做什麼的呢？就是斷除修定過程中所出現的五種過失。02'01"

五種過失是什麼呀？懈怠、忘失教授、沉掉、不作行，還有作行。02'17"

為了斷除這五種過失，就要修持八斷行。02'22"

八斷行就是：信心、欲求、精勤、輕安、正念、正知、作行的思、正住的捨。02'35"

在八斷行中第一個過失是什麼呀？懈怠，由信心、欲求、精勤、輕安來對治，所以是前四個斷行對治第一個過失。有沒有發現是四個打一個，應該是穩勝！02'59"

那麼第二個過失就是忘失教授，忘了！由什麼來對治呀？由正念對治。03'08"

第三個過失就是沉掉，就是昏沉、掉舉，然後由什麼來對治呢？由正知對治。那麼昏沉和掉舉為什麼由正知對治呢？因為有的人昏沉了自己不知道，心從善所緣上跑掉了也不知道，所以修定的時候一定要訓練我們的正知。要知道自己的心什麼時候跑掉了，還要知道自己的心什麼時候對所緣的抓取力不夠，開始變得有點鬆，甚至所緣還在的時候就力道不強了，這就開始要出問題了。所以這個沉掉由正知對治是非常必要的！因為有沉、有掉就沒法修起來定。03'59"

第四個過失就是不作行，它是由作行的思來對治。04'05"

第五個過失就是作行，由正住的捨來對治。關於其中詳細的內容，後面我們會詳細解釋，這裡邊只是做一個簡單的介紹。04'20"

　　在善知識拉梭瓦所傳的眾多的教授中，在這個基礎之上，提到必須透過《聲聞地》所說的六種力，還有四種作意、九住心而修持。關於拉梭瓦這位善知識，是那措譯師的主要的弟子之一。那措譯師就是《八十讚》的作者，長期擔任阿底峽尊者的翻譯。拉梭瓦這位祖師他通達五明，跟隨許多噶當派的師長學法，為了求得阿底峽尊者傳承的教授，他前往去依止那措譯師。那措譯師也為拉梭瓦傳授了許多的顯密教法，並且為他宣說了阿底峽尊者一生的行誼，之後就由拉梭瓦的弟子記錄成書。05'16"

　　在善知識拉梭瓦所傳的教授中，提到必須透過六種力、四種作意與九住心而修持。那麼這又分別是什麼？先看六種力。六種力你們猜第一個力是什麼？第一個力居然是「聽聞力」。對！就是聽聞正法的聽聞，聽聞力。那麼第二個力會是什麼呢？聽完了之後，不知道你們有沒有猜對？「思惟力」。也聽了、也思了，接著會是什麼力呢？往後想一想，喔！「憶念力」。接著是「正知力、精進力、串習力」。我再說一遍：聽聞力、思惟力、憶念力、正知力、精進力、串習力，六個。這是什麼呀？六種力。06'12"

接著是四種作意。「力勵運轉作意、有間缺運轉作意、無間缺運轉作意」，還有「無功用運轉作意」，這是四種作意。那麼該到什麼了？九住心。06'34"

九住心是什麼呢？「內住、續住、安住、近住、調順、寂靜、最極寂靜、專注一趣、平等住」。06'47"

關於六種力、四種作意還有九住心，我們學到後面都會逐一詳細地解釋。我們再往下看。06'57"

德稱大師於自《道次第》云：「四作意中攝九種住心方便，及六過失、八對治行，是為一切正定方便，眾多契經及《莊嚴經論》、《辨中邊論》、無著菩薩《瑜伽師地論》、《中觀修次》三篇等，開示修靜慮之方便中一切皆同。若能先住正定資糧，以此方便勵力修習，決定能得妙三摩地。近世傳說修靜慮之甚深教授中，全不見此方便之名。若不具足正定資糧及無此方便，雖長時修，不說能成等持。」07'53"

德稱大師是我們都熟悉的一位祖師——霞惹瓦大師，在德稱大師自己的《道次第》當中提到：四種作意當中含攝了九住心的方便，以及六種過失，還有六種過失的對治品八種斷行。在眾多的經典，像《經莊嚴論》、《辨中邊論》，還有聖無著論師的《瑜伽師地論》、蓮花戒論師的《中觀修次》三篇等等。這一切開示靜慮方法的教典當中，也同樣都開示了四種作意、九住心、八種斷行是一切等持的方法。08'41"

這裡邊提到「六種過失」，六種過失還記得是什麼吧？懈怠、忘失所緣、沉沒、掉舉、不作行、作行。如果將沉沒、掉舉合併為一種，就是前面《辨中邊論》所說的五種過失。五種過失、六種過失只是開合的不一樣，內涵是完全一致的、相同的。09'08"

如果最初透過安住於等持的資糧，而用這些方法勤修，注意！一定能獲得三摩地。我再講一遍：如果最初透過安住於等持的資糧，然後來用這些方法勤修的話，一定能夠獲得三摩地！這裡邊再次強調了資糧的重要性。接下來說，近代眾多號稱是甚深靜慮的這種口訣當中，甚至連這些方法的名稱都沒有提到。如果不具備等持的資糧的話，又沒有這些方法，那麼即使長久地努力修定、修行，也不能說會修成等持啊！ 10'08"

宗大師引完德稱大師的《道次第》之後，接著說：10'14"

現見此語是於諸大教典修定方法，得清淨解。
10'20"

說霞惹瓦大師的這段話，就是對於諸大教典中的修定方法獲得了清淨定解，所以是清淨的，是我們可以依著來修定的。10'40"

有沒有看到宗大師再次幫我們抉擇出什麼樣是修定的資糧，沿著什麼樣的方法修定？而一些沒有傳承的修定方式，不管是說得多麼地神奇，如果沒有經典的依據是不足為憑的。所以如果能夠得到修定的諸大教典的這個清淨的見地，具足了修習止的資糧，沿著這個方法來修的話，一定會得妙三摩地！那現在我們就聽著這樣的一個清淨的傳承，所以要發願修成妙三摩地。謝謝大家！ 11'32"

講次0039
諸大教典中的修定方法（二）

　　大家好！很高興又到了我們一起學習《廣論》的時間了，這一週大家有沒有重覆地聽前一講呀？那麼今天我們要繼續學習「**正釋修習之次第**」，請大家翻開《廣論》348頁最後1行，看原文。有沒有找到行呀？ 00'45"

> 又總三乘修道次第引導之理，無著菩薩於《瑜伽師地》中極廣決擇，故彼為最廣開示修行之論。又於一論廣說之事，餘則從略。止觀二法，《攝決擇》說於《聲聞地》應當了知，故《聲聞地》最為廣者。01'19"

　　總體而言，在無著菩薩的《瑜伽師地論》當中，詳細

《廣論》段落
奢摩他校訂本：P37-L9 ～ P38-L10 又總三乘……全無疑惑。
福智第三版：P348-LL1 ～ P349-L6 又總三乘……全無疑惑。

地抉擇三乘道次第的引導方法，所以《瑜伽師地論》是一
部極為詳細地開示修持的教典。而在其中一部詳盡地解說
的內容，在其他部當中就不會廣說了。關於止觀二法，
《攝決擇分》說必須從《聲聞地》當中了知，所以《聲聞
地》是極其詳盡開示止觀的論典 —— 要記得，《聲聞
地》。那麼我們再接著往下看，看原文：02'07"

慈尊亦於《莊嚴經論》、《辨中邊論》說九種住心
方便及八斷行，獅子賢論師、嘎瑪喇西拉論師、寂
靜論師等印度智者隨前諸論，亦多著有修定次第。
02'25"

　　至尊慈氏也在《經莊嚴論》與《辨中邊論》當中，宣
說了九住心的方便及八種斷行。還有獅子賢論師、嘎瑪喇
西拉論師 —— 記得嘎瑪喇西拉論師是誰吧？就是蓮花戒論
師，嘎瑪喇西拉是梵文的音譯，義譯就是蓮花戒。獅子賢
論師、蓮花戒論師、寂靜論師等印度的智者，也依據著
《經莊嚴論》與《辨中邊論》等教典，而撰寫了許多修定
的次第。我們再往下看，看原文：03'10"

> 又除緣本尊身、空點、咒字等所緣不同外，其定大體，前諸大論與咒所說極相隨順，現見尤於定五過失及除過方便等，經反極詳。03'32"

說除了緣著本尊的身相、明點與種子字等這個所緣不同之外，定的一個總體的、大概的樣貌，前面那些諸大教典中的說法與密乘中所說的都是極為相順的。尤其是關於修定的過程中會出現的五種過失，以及如何去除這些過失的方法，在顯教當中都有極為詳盡的宣說。我們再往下看，看原文：04'13"

> 然見能知依彼大論修者，幾同畫星。將自心垢責為論過，謂彼唯能開闢外解，妄執別有開示心要義理教授，現見於彼所說修定次第，正修定時竟為何似，全無疑惑。04'35"

然而見到懂得依照諸大論典而修行的人，宗大師說：「幾同畫星」，已經寥若晨星，就像白天的星星一樣，是非常非常少的。因此將自己內心的過失的汙垢推給這些教典，認為這些教典只是開闢外在的理解，只是在剖析外在的知識，除了諸大教典之外，另外還有一個開示心要意涵的教授。現見當行持諸大教典中所說的修定的次第的時候，卻連一個「究竟是如何」這樣的疑惑都不會生起。那意思是什麼呢？意思就是，學習了諸大教典中所說的修定的次第，學了喔！學了之後，但是在實修的時候，卻連「諸大教典中所說的修定次第到底是如何修的」這樣的疑問、疑惑都沒有生起來，更不要說會依著教典所說的修定次第去修行了。這是一個什麼狀態？學了之後全部忘光！05'52"

仁波切也講過：「知道依靠諸大論典宣說的內容而修定的人，就像白天的星星一樣。」那麼現在的人修定到底是怎麼修的呀？把自己心裡的過失認為是教典的過失，而不能依照教典所說的密意去修持；認為教典講了那麼多，就是為了闡述外在的知識而已，而不覺得內在的修持的口訣是在那裡面。所以在修行的時候，也就是連一念、一個懷疑的心都不會生起，比如說思考：「這問題經典寫的是不是這樣啊？」連這樣的想法都沒有，就認為自己認為的就是對的！不需要照著教典，想怎麼修就怎麼修。06'47"

看一看，那是宗大師的教誡喔！06'54"

所以我們一定要緊緊地依循著諸大教典教導我們修定的方式去修行，而不要自己認為該怎麼修就怎麼修，一定要依著具有清淨傳承的修行教授來修。07'11"

那麼我們學了這樣的教典之後，在修的時候，不僅僅要在修的時候生起這樣的疑惑，而且在學的時候也要想：「到底教典要怎麼修的？次第是怎麼樣的？數量是怎麼樣的？」這個要在內心中非常清晰地憶持，然後在修的時候照著修，才是沿著清淨的傳承的修行教授而修的，對不對？是不是這樣？07'43"

好！今天就講到這裡，謝謝大家！07'47"

廣論止觀初探

心注所緣先如何修

講次0040
思惟正定功德引動心意

　　大家好！很高興又到了我們一起學習《廣論》的時間了，這一週你們過得還好吧？那麼現在我們就要開始學習了！請大家把《廣論》翻開 349 頁，看第 6 行。跟我一起看原文：00'32"

> **今此教授，一切修行前後唯取大論所出，以之為重，故於此處修定方法，亦取大論而為宣說。**
> 00'45"

　　從下士道的法類開始到止觀之間的全部修持，都完全按照大經大論所說，要依照而修——以經論的說法為主，把經論的指導當作是最重要的。由於本論的教授從開頭到

《廣論》段落
奢摩他校訂本：P38-L10 ～ P40-L1 今此教授……最勝宗要。
福智第三版：P349-L6 ～ P350-L1 今此教授……最勝宗要。

最後的一切的修行，都只以諸大論、諸大教典所說的為重，重視諸大教典所說的修定教授，都是依據諸大教典所說，所以在學習奢摩他的時候，也將依據著諸大教典的說法，從諸大教典中引相關的部分而宣說修定的方法。即使是宗大師那麼偉大的善知識，他在為我們宣說修定的方法的時候，也是完完全全依據著諸大教典的說法。也只有這麼偉大的善知識，才會完完全全地依據著諸大教典的說法。這是不是正是最偉大之處？ 01'52"

宗大師說：「論典所說的一切都是可以拿來修行的，而且所修的一切都必須依據諸大論典。」我們呢？我們可以反思一下自己，我們自稱都是佛弟子、是宗大師的弟子，卻很有可能就像宗大師所說的有那種毛病。什麼毛病啊？所學的是一套，然後所修的又是另一套。有人會認為《入中論》、《現觀莊嚴論》等是用來辯論的，而《廣論》和《略論》是拿來修行的，這個與宗大師所說的現行是一樣的。那麼在《廣論》的教授中，還有人認為有可能又會分為講說的和實修的，好像一些是用來講說的，而另一些是用來實修的。我們這樣的看法也是非常危險的，所以一定要特別特別地注意這一些沒有經論依據所謂的想法和誤判。03'03"

甚至還有人把學習《廣論》當成是只要聽聞的，聽一聽，然後真修的時候還要再去想另一個辦法。這樣思考，學《廣論》的時間那不就是等於在浪費時間嗎？是耽誤修行啊！所以這樣的見解是非常可怕的。大家可以觀察一下內心，看一看在這裡邊列舉的這些對修行的誤解、對諸大教典的誤解，我們心中是否有？有了就趕快要對治掉，趕快要隨轉——聽聞、隨轉。好！那麼接著我們再往下看，看原文：03'50"

> **此又分二：ˉˋ引生無過三摩地法；ˊˋ依彼引生住心次第。初又分三：ˉˋ心注所緣先如何修；ˊˋ注所緣時應如何修；ˇˋ注所緣後應如何修。今初：**
> 04'15"

「**此又分二**」的這個「**此**」是指「**正釋修習之次第**」，其中分二，分為兩科：第一、引生無過的三摩地的方法；第二、依彼引生住心的次第。然後第一科又分為三：第一個就是內心投注於所緣之前應當如何做，這裡的「注」就是投注的意思；第二正投注於所緣的時候應該如何做呢？第三、投注於所緣之後應當如何做呢？很清晰吧！那我們先看第一部分。注意喔！看書：05'03"

> 若不能滅不樂修定，樂定障品所有懈怠，初即於定不令趣入；縱一獲得，亦不能相續，速當退失。故滅懈怠為初切要。若能獲得喜樂增廣身心輕安，晝夜行善能無疲厭，懈怠盡除。為生輕安，須於能生輕安之因妙三摩地，恆發精進。為生精進，須於正定具足恆常猛利希欲。欲樂之因，須由觀見正定功德引動心意堅固信心，故應先思正定功德，數修信心。此等次第，修而觀之極顯決定，故應認為最勝宗要。06'03"

有看到吧？那麼這一段是在說什麼呀？說如果我們不能遮止不樂修定，而喜好定的障品、不順品的這種懈怠，那麼從一開始就無從趣入定，他不想修定。即使獲得了一次，也沒法再延續，所以他所獲得的東西會迅速地退失。因此最初遮止懈怠，這是非常重要的一件事情。如果獲得了喜樂增廣的身心輕安，那麼日夜行持善法都不會感到疲厭，所以能去除懈怠。而要發起輕安，必須要怎麼做呢？就是對於三摩地能夠持續地、持續地策發精進，這是生起輕安的因。要發起精進，就需要有強烈而持續地希求定的這種欲求。07'14"

那麼，這個欲求的因是什麼呀？「欲求的因」想一想是什麼？需要見到定的功德而引動心意的堅固信心。那麼我們可以想：見到了定的功德而引動心意。這個「**引動心意**」——引動是奪意，比如說：奪智者意，還有就是一看到之後就整個心被不由自主地吸引，就是那樣的引動心意的信心、生起的堅固信心。所以最初應當反覆地修持思惟定的功德的信心。注意！這裡邊「奪意」是因為定的功德奪了我們的心意，讓我們產生不由自主地這樣一個堅定的信心。08'10"

所以首先對於定的功德要數數、數數地思惟，思惟幹什麼呀？要修信心呀！有了信心之後，就會產生欲求了——想要獲得這樣的定，對吧？而且這樣的欲求絕對不是生起一下子而已，而是要恆常猛利地生起了「**恆常猛利**」的欲求心，然後就會發精進。精進也不是那個心很猛利地發一下就而已了，而是要「**恆發精進**」，要恆常地策發精進。恆常策發精進之後，才能獲得喜樂增廣的身心輕安；獲得了身心輕安之後，日夜行持善法都不會感到疲厭，就能去除懈怠。有沒有發現去除懈怠的辦法還挺快樂的？去除懈怠，所修的定才不會消失。09'22"

這是有非常明晰的——明了的、清晰的這樣修行的次第。而這些次第，注意！而這些次第如果你經過修持走過來，走過去之後回頭再看的時候，就能極其清晰地更加定解了。所以要認定為殊勝的宗要，也就是殊勝的扼要。有認真聽吧？ 09'55"

那麼懈怠的因，說：「因為有懈怠這個過失，生不起定啊！」那麼懈怠到底是怎麼回事？懈怠的因前面有說過，就是他不好樂修定，而喜歡跟定相反的東西，就是喜歡違品。那違品是什麼呀？定就是這樣的；然後違品，心就是像心猿意馬、散亂的心。散亂於什麼呢？散亂於貪瞋癡啊！它不是自由地散亂，它是被貪瞋癡的力量所控制，沿著貪瞋癡的範疇在散亂、造惡業。10'38"

之所以不好樂等持，是因為他不知道等持的功德，這個病是可以治的，一旦知道等持的功德——吃這味良藥。如果知道等持的功德，獲得等持就能獲得輕安；有了輕安，心想緣著什麼善所緣，然後就能隨心所欲地去緣什麼善所緣。能夠將心安置於善所緣上，很自由自在地，你說被善所緣牽住也可以，也可以說隨著善所緣自由地飛翔。11'14"

所以由於不知道等持的功德，我們就對定生不起好樂；由於沒有好樂之心，想要它的欲求就不會生起來。那如果沒有一個欲求、沒有一個想要的心，我們怎麼會能為了修定而努力呢？所以為了發起這個希求的心，在最初就一定要提到止觀的勝利。在修學任何法類的最初都要先講修持那個法類的勝利，就是為了對那個法類要發起踴躍的好樂之心。 11'53"

　　有沒有發現我們的心是可以透過學習而動轉的？我們有學習能力，這個學習能力透過聽聞正法、透過聽善知識說法、學習教典而發生轉變。從對定完全沒有好樂心，到了解了定的功德之後會生起那種想要得定的欲求心，這是多麼美好的一件事情——我們有學習能力！ 12'23"

　　所以要感謝佛菩薩！感謝父母！給我們能修行的暇身提供這種美好的條件。能學習是多麼美好的一件事情！所以大家不要覺得：哇！修定好像很難啊，高得就像天上的星星一樣，我們怎麼也搆不到。透過學習、按照次第一步一步地，我們前面都學了那麼多了，都學持戒、學發心、學各種過去都沒有學過的，那麼為什麼學定不能學會呢？大家要加油！ 12'59"

講次0041
增強修定的勇悍心力

　　大家好！很高興又到了我們一起學習《廣論》的時間了。今天我們繼續學習「**心注所緣先如何修**」，請大家把書翻到 350 頁第 1 行。接著宗大師引了依據，這個依據就是《辨中邊論》，請看原文：00'43"

　　《辨中邊論》云：「**即所依能依，及所因能果。**」**所依謂欲，勤所依故；能依謂勤，或名精進。欲因謂信，深忍功德；勤果謂輕安。**01'04"

　　宗大師在解釋《辨中邊論》的這兩句話，說「**所依**」是什麼呢？所依就是指欲求。那麼為什麼欲求是所依呢？因為是精勤的所依處的緣故，所以是稱為所依。注

《廣論》段落
奢摩他校訂本：P40-L1 ～ P40-L10 《辨中邊論》云……故難退失。
福智第三版：P350-L1 ～ P350-L6 《辨中邊論》云……故難退失。

108

意哦！這裡邊的欲求，是指什麼欲求啊？就是對三摩地生起強烈希求的一種欲求。那麼這種欲求為什麼它被稱為所依呢？它是什麼的所依？它是精勤的所依處，也就是生起精進的基礎。那麼在生起精進之前必須要先生起欲求，所以欲求是精進的所依處。02'04"

有了所依，那「**能依**」是什麼呢？能依就是指精勤或精進，對吧？欲求是所依，精勤或精進就是能依。那麼接著，欲求的因是什麼呀？欲求的因是什麼？信解功德的信心。有了信心才會生起欲求，而精勤的果是什麼？精勤的果又是什麼？精勤的果是輕安。所以先有信心然後生起欲求，有了欲求之後發起精進，發起精進之後才會獲得什麼呀？輕安。這就是《辨中邊論》開示的修定次第。02'49"

那麼這裡邊講到欲求的因就是信心，有記得吧？欲求的因是信心。那麼這信心是什麼呀？就是「**深忍功德**」。這個「深忍」，深忍是什麼呢？藏文直譯就是信解。仁波切曾解釋說：「對於成辦所希求事的方法生起了確信，就是信解的信心。」所以對於修定的功德，注意！對於修定的功德確信，才能生起對定的欲求心，對吧？常常說：「啊！心生渴仰，我一定要得到定的那些功德。」所以才能修定嘛！ 03'36"

那麼這裡邊又談到一個輕安的問題。輕安，有的善知識也講過，平常講到輕安的時候，輕安有分兩種：一種是真實的輕安，第二種是隨順的輕安。那麼真實的輕安是什麼？就是在生起三摩地的時候它生起的輕安，就是得到定的時候生起的輕安，我們稱之為真實的輕安。那麼隨順的輕安，是指還沒有生起奢摩他之前必須要具備的條件，這種輕安跟真實的輕安有點類似，所以它是隨順的輕安。04'19"

這裡滅除了，注意！這裡邊滅除了懈怠的身心輕安，跟之後生起奢摩他的時候內心生起的這個身心的輕安，這兩種輕安雖然字都是一樣的，但實際上它的內涵是不是相同的？這裡邊滅除了懈怠的身心輕安，是在還沒有生起真實的奢摩他之前就必須要具備的條件，對不對？記得吧？

這種身心輕安是要透過精進作為基礎，而讓內心當中對於
修學奢摩他怎麼了？心生歡喜。歡喜了！歡喜到像一朵花
在開放一樣，內心。藉由歡喜的力量在修學奢摩他的時
候，會怎麼樣呢？不會產生厭倦。05'18"

　　這個大家都有經驗，你很高興做的事情時間很快就過
了，怎麼可能生起疲厭呢？還有一種意猶未盡，一直都處
在意猶未盡的一個非常歡喜的狀態，所以這種的輕安是生
起奢摩他的因。而後面講的身心輕安是指得到了定之後，
就生起了奢摩他的時候獲得的一個輕安，那個也是得定的
一個量，那個時候才叫得定。所以我們要了解一下這兩種
輕安它的區別。05'55"

　　所以最初我們必須要了解定的功德，那麼，注意！定
有哪些功德啊？現在大家有生起好奇心嗎？你們有沒有預
習？那麼要看經典，往下看。往下看喔！06'18"

**此中所修正定功德，謂由獲得奢摩他已，現法樂
住，由增心喜、身安樂故。及由獲得身心輕安，於**

善所緣心如欲轉。又由息滅於顛倒境散亂無主，則諸惡行皆不得生，隨所修善皆有強力。又止為依，能引神通、變化等德。尤由依止，能生通達如所有性毘缽舍那證德，速疾能斷生死根本。07'05"

聽到這個原文就很震撼啊！我們再解釋一下。說此處要修持的定到底有哪些功德啊？請大家把眼睛睜大，耳朵全打開聽喔！說如果修成了奢摩他之後，我們內心會增廣喜悅。增廣喜悅是什麼意思？就是你會非常開心啊！而身體會增廣安樂，能獲得「**現法樂住**」，現法樂住就是在現世中能安住在快樂當中。而且由於獲得了身心輕安，可以隨心所欲地讓內心趣入善所緣。由於止息了不由自主地散逸到顛倒的境界，所以眾多的惡行不會生起，無論做任何善行都強而有力。能夠依靠寂止，注意！能夠依靠寂止修成神通、變化等眾多的功德。尤其最重要的是，依靠寂止能生起通達如所有性的毗缽舍那的證德，然後能夠迅速地斬斷生死輪迴的根本等。這就是我們要修定的最重要的目的！看一看喔！你們覺得是不是非常地燦爛？08'47"

　　我們看一下這個修持定的一些功德，會不會心生嚮往呢？比如說修成了奢摩他，內心增廣喜悅，身心都會很快樂，它就成就了現法樂。有很多都說：「啊！希求現世安樂是不對的。」可是修成了定了之後，你不求，反而在現法中非常快樂地安住，安住在快樂的狀態，身心都快樂。而且這個心變得非常地好用，就是很順手了，你讓它趣入什麼善行，它就趣入什麼善行。為什麼呢？因為它已經去掉了一種過失，這種過失就是它不由自主地散亂在貪瞋癡顛倒的這個境界裡面，常常去造惡業的這種習慣性已經被定伏住了、壓住、拴住！ 09'46"

　　而且還有一個，它趣向於惡法的這個能力被拴住了，可是它做善行的力量就變得強而有力。而且能夠依靠這個修定、依靠這個止修起什麼呀？神通、變化等功德。就是我們在佛經上讀到的那些各種通，透過定都能夠得到。而且這裡邊最絢麗的，就是依靠寂止能夠生起通達如所有性這個毗缽舍那的智慧，然後能夠——注意——迅速地斬斷生死輪迴的根本！所以讀到這一段的時候，可以說是心花怒放啊！不知道你們會不會也很開心？把它背下來！很值得把它背下來！ 10'45"

好！我們接著看下一段。其實看到這一段的時候，我有點不想要趕快去講下一段，但是我們還是要往下學。想要一直看這一段看很久很久，然後一直高興。你們會嗎？我們還是看下一段。11'03"

> 凡思惟已，能於修定增勇悍者，是諸功德皆應了知而修。若生勇悍，恆常策勵向內修定，極易獲得勝三摩地，得已亦能數數趣修，故難退失。11'22"

凡是思惟那些定的功德之後，就能增強我們修定的——注意——勇悍心力，我們都要了知這樣的功德而去修持。因為如果生起勇悍的心力，便會持續地策發修定，因而非常容易獲得三摩地，並且獲得之後也會數數地趣入修持，所以很難退失。11'51"

這裡邊這一段還是講了思惟這樣修定的功德之後，注意！這裡邊用到了「勇悍」的心力。不知道你們會不會覺得修定是需要勇悍心力的？有的人會覺得：修定不是要把心靜下來？好像靜下來就可以。它這裡邊用了「勇悍」，因為你要降伏很多、很多問題，做很多原來不會的修鍊。所以這個心力它變得更勇悍了，勇悍了之後就是一切事情都容易成。12'32"

　　這裡邊還有一個「**恆常策勵向內修定**」，他的所有的心力貫注在向內修習禪定，因為所有的心力貫注在一起，所以極易獲得勝三摩地，非常容易成。成了之後因為太歡喜了，你就看著你非常柔軟的、舒心的那個禪修的墊子，偶爾走到別處去了，你心還想：「喔！好想再回去坐著。」坐在那之後你可能就不願意起來。這一天雖然有的時候還要去做其他事情，可是你的心就一直想要回到那個坐墊上。想到的時候就嘴角不由自主地想微笑，一天一天這個心都離不開我們的那個善所緣，而且非常悠遊地樂在其中，流連忘返那樣一個美好的修定的狀態。所以我們一定要一起努力，謝謝大家！13'40"

廣論止觀初探

明正所緣

講次0042
周遍所緣

　　大家好！很高興又到了我們一起學習《廣論》的時間了。之前我們學完了「**心注所緣先如何修**」這個科判，也就是內心投注於所緣之前應當如何做，那麼今天我們要學習「**注所緣時應如何修**」。請大家翻開《廣論》350 頁第7 行，先看科判：00'50"

> **第二、注所緣時應如何修，分二：** 一、**明心住之事——所緣；** 二、**如何心注所緣之理。初又分二：** 一、**總建立所緣；** 二、**明此處之所緣。初又分三：** 一、**明正所緣；** 二、**顯示何等補特伽羅應緣何境；** 三、**顯示所緣異門。今初：** 01'23"

《廣論》段落

奢摩他校訂本：P41-L1 ～ P42-L8 第二、注所緣時……而得轉依。

福智第三版：P350-L7 ～ P351-L6 第二住所緣時……而得轉依。

第二科注所緣時應如何修，它分為兩科：第一就是辨識內心安住之事，安住之事就是所緣；第二個是內心如何投注於所緣的方法。然後第一科分為兩科：一、所緣的總體論述，這裡邊的「**建立**」就是論述的意思；第二是辨識當前此時的所緣。第一科又分三科：第一、顯示主要所緣；二、顯示哪一種補特伽羅應當緣什麼所緣；第三、是顯示所緣的異門。那麼我們先來看第一個科判，看原文：02'15"

> **如世尊言，修瑜伽師有四所緣，謂周遍所緣、淨行所緣、善巧所緣、淨惑所緣。周遍所緣復有四種，謂有分別影像、無分別影像、事邊際性、所作成辦。就能緣心立二影像，初是毘缽舍那所緣，二是奢摩他所緣。**02'44"

世尊宣說了瑜伽師的四種所緣，是哪四種所緣呢？「周遍所緣、淨行所緣、善巧所緣」，還有什麼？「淨惑所緣」。那麼在四種所緣當中，周遍所緣還有四種，是哪四種周遍所緣呢？對！「有分別影像、無分別影像、事邊際性、所作成辦」。那麼其中從能緣的角度安立的就是什麼呀？兩種影像，因為第一個是毗缽舍那的所緣，第二個是奢摩他的所緣，所以是從能緣的角度來安立的。我們再往下看：03'32"

> 言影像者，謂非實所緣自相，唯是內心所現彼相。由緣彼相正思擇時，有思擇分別故，名有分別影像。若心緣彼不思擇而住心時，無思擇分別故，名無分別影像。又此影像為何所緣之影像耶？謂是五種淨行所緣、五種善巧所緣、二種淨惑所緣之影像或行相。04'18"

所謂的「**影像**」是什麼意思呢？注意哦！現在這裡要談到影像，影像並不是真正所緣取的所緣自相，這裡的「自相」就是實際、真實的意思。所謂的「影像」，它不是真正的實際的那個所緣，那是什麼呢？是在心中現起它的行相。04'47"

緣著這個行相而進行思擇的時候，由於有思擇的分別，所以是「**有分別影像**」。04'56"

緣著這個行相不作思擇的時候，內心止住的時候，由於沒有思擇的這個分別，所以它就稱為「**無分別影像**」。05'08"

如果舉個例子來說，比如說舉一個瓶子，那麼緣著這個瓶子不作任何觀察抉擇，只想「這是瓶子」，那麼就是無分別；緣著這個瓶子思考「這什麼顏色呀、大小啊，乃至產地是哪兒的？」做各種角度的抉擇的時候，就是有分別。05'34"

那麼，這個影像是什麼所緣的影像呢？進一步了！是五種淨行所緣、五種善巧所緣，還有兩種淨惑所緣的影像或者這些所緣的行相。有分別影像與無分別影像是從能緣的角度來安立的。有聽清楚吧？那我們接著再往下看，看原文：06'04"

> 就所緣境立事邊際，此有二種，如云「唯爾更無餘

事」，是盡所有事邊際性；如云「實爾非住餘性」，是如所有事邊際性。其盡所有性者，謂如於五蘊攝諸有為，於十八界及十二處攝一切法，四諦盡攝所應知事，過此無餘。如所有性者，謂彼所緣實性、真如理所成義。06'43"

那麼從所緣境的角度安立的，就是「**事邊際性**」，也就是事物的邊際。06'54"

「**事邊際**」有兩種：06'56"

第一種是：「僅止於此，沒有其他的」，就是盡所有性的事邊際性；07'01"

第二種是：「只會如此地存在，不安住於其他本性」，這是如所有性的事邊際性。07'09"

那麼其中的「**盡所有性**」是指什麼？就是指五蘊中所含攝的一切有為法，像十八界、十二處中所含攝的一切法，四諦中含攝的一切所知的事物，除此之外，就沒有其他事物了。07'28"

那麼「**如所有性**」就是指這些所緣的真實性與真如，由正理所成立的這個意涵。07'40"

好！我們接著再往下看：07'43"

> **就果安立所作成辦，謂於如是所緣影像，由奢摩他、毗缽舍那緣彼作意，若修若習若多修習，由是之力遠離各自粗重而得轉依。** 08'02"

從果的角度安立的就是「**所作成辦**」，也就是成辦了目的。這裡的「**所作**」，就是目的的意思。那麼什麼是「**所作成辦**」呢？以奢摩他或毗缽舍那緣著這些所緣影像的作意，透過修習、串習、多次地熟習的這個力量，得以脫離了各自的粗重，然後完成了轉變。08'34"

一般而言，「**轉依**」就是指轉化自身的狀態或改變自身的狀態。像月格西曾經解釋說，將不好的轉變為好的就是「轉依」，比如說從九住心的第一住心到第二住心，就是從第一住心轉依到第二住心。這裡的轉依，是指從粗重的狀態轉換成遠離粗重。09'05"

在《四家合註》裡邊，語王大師也有解釋說：「所作成辦」是指透過串習所緣而生起了什麼？輕安。那麼從成辦果的角度來安立的話，四種周遍所緣不是超出後面提到的所緣之外，並且涵蓋了一切所緣。09'27"

以上我們就學完了四種所緣當中的第一種所緣，就是「周遍所緣」。周遍所緣有四種：有分別影像、無分別影像、事邊際性、所作成辦。前兩者是從能緣的角度安立，事邊際性是從所緣境的角度安立，而所作成辦是從果的角度安立的。會覺得複雜嗎？09'55"

其實會有一些新的、我們沒有聽過的一些詞，我們為了修定要去了解這些。因為我們有能學習的能力，所以對於經論不要覺得害怕，一看到很多陌生的詞就害怕了。一遍一遍地熟、一遍一遍地熟，就像交朋友一樣，它是一個可親可敬的會給我們帶來很大利益的好友，那我們就多去熟悉、多去熟悉，久了之後，就自然變得親切，變得沒有那麼陌生，然後就變得總在眼裡、總在心裡。所以對於這些，大家好好地努力。謝謝！ 10'45"

講次0043
淨行所緣（一）

　　大家好！很開心又到了我們一起學習《廣論》的時間。還記得上一次我們學到哪兒了嗎？是哪一個所緣啊？有沒有同學答得上？是周遍所緣。那麼今天該接著講哪一個所緣呢？是淨行所緣。現在請大家把《廣論》翻開351頁第7行，然後請大家和我一起看原文：00'49"

> **淨行所緣者，由此所緣能淨貪等增上現行，略有五種，謂不淨、慈心、緣起、界別、阿那波那。**
> 01'05"

　　那麼「淨行所緣」是指什麼呢？就是指淨化比較強烈的現行貪欲等的所緣。淨行所緣有幾種呢？有五種：不

《廣論》段落
奢摩他校訂本：P42-L9 ～ P43-L2 淨行所緣……任持其心。
福智第三版：P351-L7 ～ P351-LL5 淨行所緣……任持其心。

淨、慈心、緣起、界的差別，還有阿那波那。這裡邊可能大家都會稍微了解一下，「**阿那波那**」是什麼呀？阿那波那是梵文的音譯，義譯就是入出息，「阿那」是入息，「波那」是出息。所以總共有五種淨行所緣。01'57"

這個淨行所緣，很顯然它所針對的是什麼呢？是針對自己比較強烈的煩惱，然後選擇對自己最適合的、最有效的這個所緣，很顯然它是打擊煩惱的一個利器。比如說如果貪心強烈的話，那麼要修什麼呀？對！就觀修不淨、觀身不淨。如果是瞋心強烈，那該修什麼呀？觀修慈心。如果是癡心——愚癡的癡——癡心強烈的話就要觀修緣起。因為對於緣起的認知會讓我們看到更多的法相，能夠增長智慧，智慧的視野非常地遼闊。還有一種解釋就是，請問愚癡來自於什麼呀？想一想。愚癡來自於根本性的自性執，然後透過緣起的道理而了解了無自性對吧？那麼這個無自性能夠做什麼呢？它就能夠破除愚癡。03'18"

那如果慢心很強烈呢？要怎麼修？如果慢心強烈的話，就觀修界的差別。為什麼慢心強烈就要觀修界的差別呢？因為對於界的差別了解更多之後，就不會自以為是、產生慢心了。還有一種說法，是因為了解了界的差別，我們從自己身上去找「我」在哪裡的時候，「我」在哪裡？比如說從我的地大、水大、火大、風大、空大去找，從我的意識上去找，能不能找到「我」呢？都找不到「我」。當我們知道「我」是由於六界所攝，並不是獨立實有的時候，原本的我由於「我」所產生的這個慢心也會減弱，因為連傲慢的立足點都沒有，在哪裡呀？所以它是這麼對治慢心的。04'36"

那麼如果是散亂比較強烈，很難專注，那怎麼辦呢？如果散亂比較強烈的話，就觀修阿那波那，也就是數息法，靜靜地坐著。不是散亂嗎？東跑西跑、東跑西跑一刻都靜不下來、一刻都專注不下來，那就用數息對付這個狂心，所以就觀修阿那波那。05'13"

那麼什麼是不淨？我們往下看。看原文：05'22"

緣不淨者，謂緣毛、髮等三十六物，名內不淨，及

青瘀等，名外不淨；是於內心所現不淨非可愛相，任持其心。05'39"

其中緣著「**不淨**」的話，就有毛、髮等三十六物，是內在的不淨；青瘀等是外在的不淨。在心中現起這些不淨、不可愛的行相，對此執持內心。那麼三十六種不淨，是哪三十六種？在《瑜伽師地論》裡有講到，三十六種不淨是：髮、毛、爪、齒、塵、垢、皮、肉、骸骨、筋、脈、心、膽、肝、肺、大腸、小腸、生藏熟藏、肚胃、脾、腎、膿、血、熱痰、肪、膏、肥、髓、腦、膜、洟、唾、淚、汗、屎、尿。這是在《瑜伽師地論》裡邊講的。06'40"

那麼十八種外在的不淨，是哪十八種呢？在《瑜伽師地論》裡邊也有講到。十八種外在的不淨是：青瘀、膿爛、變壞、膖脹、食噉、變赤、散壞、骨、鎖、骨鎖、屎所作、尿所作、唾所作、洟所作、血所塗、膿所塗、便、穢處。有一些它是形容屍體的，就是觀身不淨啊，有一些。那麼緣著這些內外的不淨，在心中現起這些不淨的行相，令心執取這樣的行相，就是修習不淨。大家知道修習不淨是對治什麼啊？對治強烈的貪欲。07'34"

仁波切曾經解釋說，這個「**任持其心**」的這個「任持」是什麼意思呢？「任持其心」指的就是心不散亂地安住在那上面，心不要散亂到其他的地方的意思。比如說對貪境產生特別強烈的貪心的話，在貪欲熾盛的時候，應該要緣著引生貪心的境，把貪欲的勢頭壓伏。打個譬喻的話，如果我們注意到夏天的時候那個穢糞坑裡的蟲子，我們自己的貪心就是很愚蠢的，就像在天界的天人看人間的話，人間的貪欲行為是怎麼樣的呢？就像從人間看那個穢糞坑裡的蟲子是一樣的，那感覺就是一樣，大抵相同。08'36"

但是我們沒有斷除煩惱以前，要修起不淨觀也是不容易的。那麼到特別關鍵時刻，真正生起貪心的時候，還是要求上師加持是最有力的。要破除哪一種煩惱的勢頭，這些煩惱的對治品有很多種，但無論用哪一種方法，主要都要祈求上師與本尊：「希望顛倒的心不能生起。」一再地祈求，應該是有所助益的，甚至有很大的幫助。這都是有經驗者的口傳。09'20"

綜上所述，有沒有發現？無論哪一種煩惱強烈，佛陀都給我們找到了對治法。所以不用特別害怕自己的煩惱這麼強大，根本就壓伏不了。哪一種病都有藥、哪一種病都有藥，只要能夠聽到善知識的話、聽到清淨的傳承按時服藥，好好地吃這個對治煩惱病的藥，都能有幫助，甚至是全可以治好的！09'56"

今天就講到這兒，謝謝大家！10'01"

講次0044
淨行所緣（二）

　　大家好！又到了我們一起學習《廣論》的時間了，這一週大家有複習前一講嗎？上一次我們學到「淨行所緣」的不淨觀，今天我們要繼續學習慈悲觀。請大家翻開《廣論》351頁，看倒數第5行。好！請大家和我一起看原文：00'42"

> 慈謂普緣親怨中三，等引地攝欲與利益安樂意樂。即由慈心行相，於彼所緣任持其心，名曰緣慈，是於心境俱說為慈。01'04"

　　緣著親友、仇敵與關係中等的這三者，屬於等引地所攝的成辦利樂——利益安樂的這個心念，就是慈心。從慈

《廣論》段落
奢摩他校訂本：P43-L2 ～ P43-L7 慈謂普緣……餘處而緣。
福智第三版：P351-LL5 ～ P351-LL2 慈謂普緣……餘處而緣。

心的執取相的角度，內心執持這些所緣，命名為緣著慈心；緣著慈心就是把境和有境都宣說為慈心。01'29"

那麼這裡邊有一個問題就是「等引地所攝」，等引地所攝是什麼意思？什麼是等引地所攝呢？比如色界靜慮根本定或無色界根本定所攝，就是等引地所攝。那麼近分定所攝呢？有些是等引地所攝，有些不是等引地所攝。總之，色界與無色界所攝就是等引地所攝。一般人進入了色界根本定或無色界根本定的時候，就會進入等引，所以稱色界靜慮或無色界靜慮根本定所攝是「等引地所攝」。02'13"

那麼緣著親、怨、中等三者，想要成辦利益安樂的這個意樂，這個意樂必須是等引地所攝。換一句話表達就是，是色界或無色界所攝，透過慈心的執取相令心緣著所緣，所以稱為「緣著慈心」。這裡的緣著慈心，並不是像緣著不淨一樣，心緣著另外一個境，而是令心從慈心的行相來緣取所緣，所以稱之為緣著慈心，將境與有境都宣說為什麼？都宣說為慈心。03'01"

我們再接著往下看，看原文「**緣緣起者**」：03'07"

> **緣緣起者，謂唯依三世緣起之法，生唯法果，除彼等外更無實作業者、實受果者，即緣是義任持其心。** 03'25"

這一段是什麼意思呢？什麼是「緣著緣起」呢？所謂緣著緣起，是指僅僅只是依靠著唯三世所生的緣起之法，而出生唯法之果，並沒有這以外的造業者與領受果報者。緣取這樣的意涵而執持內心，就是緣著緣起。換句話說，無論是過去、現在，還是未來，都是緣起之法出生唯法之果。注意！注意！這裡有個「唯」字，對不對？「**唯依三世緣起之法，生唯法果**」，為什麼要加一個「唯」字呢？這個「唯」字顯示了一個什麼道理？因為除了三世緣起之法生果之外，無法另外安立一個自主的造業者、領受果報者，只是緣起之法感果而已呀！緣著這樣的意涵而執持內心，就是「緣著緣起」。04'46"

仁波切曾經講過：十二緣起流轉輪迴的這個道理，是由於自己的業、惑，讓我們自己無始以來在輪迴當中不斷地流轉，除此之外，外道認為的造物主全都是不存在的。既然沒有所謂的主宰，如果我們能夠很好地了解業果的道理引發定解的話，之後就能很好地破除煩惱。在奢摩他的階段是尤其重要的，為什麼呢？因為奢摩他最主要的就是壓制煩惱的什麼？現行啊！壓制煩惱的現行。所以你想壓制它，你必須知道我要壓制什麼呀！要了解那個煩惱的頭目是什麼，就是那個最帶頭的，所以必須要了解哪個煩惱力量比較強。05'44"

了解哪個煩惱力量強盛是非常非常重要的一點，為什麼？了解之後好去對治啊！否則的話，就像《入行論》中所說的：「**眾生欲除苦，奈何苦更增。**」為什麼苦更增了呢？因為不善巧業果的道理，想離開痛苦卻離不開、想得到快樂卻得不到，反而不斷地造下惡業，令痛苦更加地深重。這就是不善巧業果導致的，讓我們領受無量無邊的痛苦，而且沒有個頭呀！有認真聽吧？那接著往下看。06'28"

「緣界差別者」，看原文：06'33"

> 緣界差別者，謂各別分析地、水、火、風、空、識六界，即緣此界任持其心。06'46"

那麼下面應該到緣著界的差別了，對吧？什麼是緣著界的差別呢？緣著界的差別是指分析地、火、水、風、空、識這六界的各個部分，緣著這些而執持內心。然後往下看：07'09"

> 緣阿那波那者，謂於出入息，由數、觀門令心不散餘處而緣。07'19"

前邊解釋過了「阿那波那」就是出入息，也就是數息觀。什麼是緣著出入息呢？緣著出入息就是指從計數到關注出入息這樣的一個角度緣取，而使內心不散逸到其他的地方。就是讓我們在修定的時候，從數自己的呼吸、關注自己的呼吸，練出那個專注，到最後一層層地深入，使我們的內心不要散亂到其他的地方。08'02"

　　以上，我們就學完了「淨行所緣」。淨行所緣有幾種呢？有五種：不淨、慈心、緣起、界的差別，還有什麼？阿那波那。能不能記起來呢？大家回去可以看一看。你們學了之後會不會又有點著急，說：「啊！那到底每一種所緣是什麼，我到底該修哪一種？」先耐心地聽，不要馬上就開始修，先聽清楚了，把不懂的弄懂，因為你總得把修行的次第要搞清楚。好吧？耐心地聽！ 08'36"

　　今天就講這些，下週繼續學。謝謝！ 08'44"

講次0045
善巧所緣

　　大家好！很高興又到了我們學習《廣論》的時間了。這一週你們還好吧？上一講我們學完了「淨行所緣」，今天我們往下學習「善巧所緣」。你們有沒有預習呀？請大家把《廣論》書打開到 351 頁，看最後 1 行，看原文：00'45"

> **善巧所緣亦有五種，謂善巧蘊、界、處、緣起及處非處。** 00'58"

　　解釋一下，「**善巧所緣**」有五種，哪五種呢？就是「**善巧蘊、界、處、緣起**」，以及「**處**」與「**非處**」。仁波切在奢摩他的章節裡邊，有講到關於業果的道理尤其

《廣論》段落
奢摩他校訂本：P43-L8 ～ P44-L7 善巧所緣⋯⋯一門而轉。
福智第三版：P351-LL1 ～ P352-L6 善巧所緣⋯⋯一門而轉。

是要注意的：前面在下士道的段落中有講了許多業果的道理，但是如果很仔細地抉擇蘊、界、處、十二緣起等等這些內涵的話，就要學習《俱舍論》——我們需要學習《俱舍論》——透過學習《俱舍論》，它會詳細地抉擇蘊、界、處等。然後在這之上還抉擇什麼呢？在這之上會抉擇四諦，這個才是根本了解業果。01'53"

在這裡講到業果，是因為這是一切的根本，一切的根本就在於對業果是否信解。如果信解業果的心越來越增長、越來越深，那麼煩惱自然而然地就會被削弱。大家可以想一想：為什麼了解業果，深信業果的心越來越深、越來越增長，煩惱自然而然地就會被削弱呢？你們可以想一想。02'26"

我們再往下看，看原文：02'31"

其中蘊謂色等五蘊，蘊善巧者，謂能了知除蘊更無我及我所。界謂眼等十八界，界善巧者，謂知諸界從自種生，即知因緣。處謂眼等十二處，處善巧者，謂知內六處為六識增上緣，知外六處為所緣緣，知無間滅意為無間緣。03'11"

這一段稍稍地有點複雜，大家可以耐心地聽一下。其中的「蘊」就是指「色等五蘊」，色等五蘊是哪五蘊呀？色、受、想、行、識五蘊。答對了吧？善巧五蘊，注意喔！善巧五蘊是指了知沒有不屬於五蘊的我與我所。也就是說我與我所是建立在五蘊之上的，離開五蘊無法安立我與我所。03'47"

那麼所謂「界」是指什麼呢？讀過經典的人有沒有了解？是指「眼等十八界」。十八界之前我們有學過吧？是哪個十八界呢？就是所取境是幾個？六界；所依根幾個？六界；能依識六界。加起來三六一十八，就十八界。那麼「善巧界」，就是指了知諸界都是從各自的種子出生的這個因緣。04'23"

那麼所謂「處」，就是指「眼等十二處」。十二處之前也學過吧？是哪十二處啊？所取六處及能取六根，對不對？那麼「善巧處」，就是指了知內六處是六種識的「**增上緣**」，外六處是「**所緣緣**」，當下壞滅的意就是什麼？就是「**無間緣**」。04'57"

如果舉個例子的話，例如眼處或者眼根的話，就是眼識的增上緣；那麼色處是眼識的什麼緣啊？所緣緣；眼識的前一剎那剛壞滅的這個意，就是眼識的無間緣。05'22"

這裡邊提到「所緣緣、增上緣、無間緣」，這就是三緣。學過《心類學》的同學就會知道，心識必須觀待三緣才能夠出生，對不對？那麼令心識具有自己對境行相的緣，就是心識的所緣緣，例如色處令眼識顯現色處、具有色處的行相。眼識最主要的對境是什麼？眼識最主要的對境就是色處，所以色處就是眼識的所緣緣。05'57"

那麼自主地出生心識的緣，就是心識的增上緣。這裡的「增上」是什麼意思？就是主要的意思，由於是自主出生心識的緣，所以又稱為增上緣。例如眼根是自主出生眼識的緣，眼識之所以命名為眼識主要是由於依靠眼根的緣故，所以眼根是眼識的什麼緣啊？增上緣。06'28"

它令心識生為清晰且明了的緣，換句話說，清晰且明了是誰的特性啊？是心識的特性，那麼令心識具有心識特性的緣，就是什麼？心識的無間緣。再舉一個例子的話，例如眼識前一剎那的心識，就是眼識的無間緣，對不對？06'54"

好！那我們接著再往下看：06'58"

> 緣起謂十二有支，緣起善巧者，謂知緣起是無常性、苦性、無我性。處非處者，謂從善生可愛異熟是名為處，從不善生可愛異熟是非處等；處非處善巧者，即如是知。此即善巧緣起別相，其中差別，由此能知各別之因。07'32"

那麼這一段在講什麼呢？說「**緣起**」就是指十二支分，「**善巧緣起**」就是指了知緣起是無常、苦、無我。「**處**」與「**非處**」是從因果的角度，從善業出生悅意的異熟，是「處」──是合理的；那從不善出生悅意的異熟，是「非處」──是不合理的。「善巧處非處」是指如此地了知，了知什麼？了知從善業出生悅意的異熟，是「處」；從不善出生悅意的異熟，是「非處」。這是善巧緣起的別相，差別在於善巧處非處能了知不同的因。「善巧處非處」是善巧緣起的一部分，「善巧緣起」是總體地了知緣起是無常、苦、無我；善巧處、非處能了知不同的因，例如善因出生樂果是什麼？是「處」，善因出生苦果是「非處」。08'53"

在《四家合註》裡語王大師也解釋說：「善巧緣起」，就是指善巧總體的業感果的這樣的道理；「善巧處非處」，是指從這樣的業的差別會出生這樣的果的差別，就是從因到果的一個差別相。因此善巧處非處是善巧緣起的別相，或者說是善巧緣起的一部分。09'22"

我們接著再往下看，有找到書吧？09'30"

又以此等作奢摩他所緣之時，謂於蘊等所決定執取

相，任持其心一門而轉。09'43"

以這些作為奢摩他的所緣的時候，是對於蘊等，從所定解的一個執取相的角度而執持內心。那麼「**執取相**」是什麼呀？就是指執取的方式。這裡的意思就是以蘊等作為奢摩他的所緣的時候，奢摩他是以一種執取的方式而執持內心的。10'10"

在《四家合註》裡語王大師也解釋說：在五種善巧所緣當中，善巧蘊就能排除——注意、注意喔！善巧蘊能排除在五蘊之上有一個不屬於五蘊的我。有人可能會想：雖然在五蘊中沒有這樣的我，但是在十八界的因當中，是否有自主的我的時候呢？了知了眼等諸界只是從各自的種子出生，除此之外沒有其他內涵的我。10'51"

有人可能還會想：雖然在十八界的因當中沒有這樣的我，但是在眾緣當中是否有自主的我呢？萬一這樣想了呢？這個時候透過眼等十二處而了知三緣，進一步了知除此之外也沒有其他內涵的我。那麼再同樣地，了知在十二緣起中是無常、是苦、沒有補特伽羅我——自性的我，注意！從善業和惡業出生樂果和苦果，除此之外也沒有其他內涵上的補特伽羅我了。了知這些內涵之後，要對於這些內涵，注意！要對於這些內涵執持內心，令我們的心安住在上面。11'46"

到現在為止，我們又學完了「善巧所緣」。這一講你們會不會覺得有點複雜、很多名詞？但是多了解一下，等到熟悉了之後就會輕鬆。說這是一個從不熟悉到熟悉，從不了解的很多、很多，慢慢地不了解的都變成了解的，就變得輕鬆了。所以大家不要怖畏教理難學，因為不學教理我們不知道從哪裡修定，如果不知道從什麼所緣去修定的話，我們又怎樣走向解脫呢？沒有一個執持無自性這樣堅實有力的定的功夫，怎麼樣去斬斷輪迴呢？所以用這樣學習的方式、思考的方式就能夠去對付死主，這是不是還是很輕鬆的方式呢？ 12'45"

謝謝！今天就講到這裡，下週見！ 12'48"

講次0046
淨惑所緣

　　大家好！很高興又到了我們一起學習《廣論》的時間。上一講我們學完了「善巧所緣」，今天我們應該往下學習「淨惑所緣」，請大家翻開《廣論》352頁第7行。請大家看原文：00'36"

> 又淨惑者，謂唯壓伏煩惱種子及永斷種。初所緣者，謂觀欲地乃至無所有處下地粗相、上地靜相。第二所緣，謂四諦中無常等十六行相。又以此等作奢摩他所緣之時，謂於所現諸境行相，隨心決定任持其心不多觀察。01'15"

　　「淨惑所緣」是什麼呢？是指僅僅壓伏煩惱種子，以

《廣論》段落
奢摩他校訂本：P44-L8 ～ P45-L8 又淨惑者……任持其心。
福智第三版：P352-L7 ～ P353-L1 又淨惑者……任持其心。

及徹底斷除煩惱種子，分為這兩種。那麼第一種，就是僅僅壓伏煩惱種子的所緣，是什麼呀？是從欲界地乃至無所有處天之間，下地的粗劣相與上地的寂靜相。比如說觀察欲界地就是粗劣的，具有種種過患；那麼與此相反，初禪天是寂靜的，具有著種種的功德。透過這樣的觀察，能對欲界離欲，壓伏欲界的粗分煩惱。然後如此依次第修持，甚至觀察無所有處天是粗劣的，具有種種的過患；與此相比，有頂天是寂靜的，具有種種的功德，然後透過這樣的觀察，能對無所有處天離欲，壓伏無所有處天的粗分煩惱。這是第一種——僅僅壓伏煩惱種子的所緣。02'34"

第二種，也就是徹底斷除煩惱種子的所緣，是四諦的無常等十六行相。緣著四諦無常十六行相，能徹底地斷除煩惱的種子。02'48"

無常等十六行相是四諦的差別法。那十六行相是哪十六個，大家知道嗎？02'58"

十六行相：無常、苦、空、無我，是苦諦的行相；

因、集、生、緣，是集諦的行相；滅、靜、妙、離，是滅諦的行相；道、如、行、出，是道諦的行相。總共四諦十六行相，有十六個行相。03'25"

那麼以苦苦為例的話，因為是暫時的出生，所以是什麼？對了！是「無常」；因為被業惑所自在，所以是「苦」的，具有苦性；因為沒有另外一個能自主的我，所以是「空」；因為自主的我的體性不成立，所以「無我」。這就是苦諦的四個行相的內涵。03'54"

如果以業惑為例的話，因為是痛苦的因，所以是「因」；因為會再再地出生痛苦，所以是「集」——集有出生一切的意思；因為出生猛烈的痛苦，所以是「生」；煩惱因為是痛苦的俱有緣，所以是「緣」。這就是集諦的四個行相的內涵。04'21"

那麼，比如以徹底斷除煩惱的滅諦為例，以滅諦為例——不要走神，認真聽——因為是斷除痛苦的離繫果，所以是「滅」。再說一遍，因為是斷除痛苦的離繫果，所以是「滅」。因為是斷除煩惱的離繫果，所以是「靜」，是寂靜的；因為是利樂的解脫的果位，所以是「妙」，是殊妙的；是不再退轉的解脫的果位（，所以是「離」）。這就是滅諦的四個行相。05'02"

比如以現證無我的智慧為例，因為是能趣向解脫的道，所以是「道」；因為作為煩惱的正對治品，所以是「如」，如就是如理、合理的意思；因為是現證心的究竟本質的智慧，所以是什麼？是「行」；因為是苦的對治品，令苦未來永不再出生，所以是「出」，是能出離的這個出。這就是道諦的四個行相。05'42"

這裡邊只是簡單地學習了無常等十六行相的內涵，以後我們如果想深入地學、廣泛地學的話，可以學五大論，會再詳細地學習。那麼以粗靜的行相，或者無常等十六行相作為奢摩他的所緣的時候，現起這些對境的行相，從任何一個內心定解的角度而執持內心，不作觀察，這就是「淨惑所緣」。06'14"

149

那我們接著再往下看：06'18"

> 《修次中篇》說三種所緣，謂「十二分教一切皆是
> 隨順、趣向、臨入真如」，總攝一切安住其心；或
> 緣總攝諸法蘊等；或於見、聞諸佛聖像安住其心。
> 06'41"

《修次中篇》中提到了「**三種所緣**」，哪三種所緣
呢？第一個是「一切十二分教都隨順、趣向、臨入於真
如」，總攝這一切而使內心安住在這上面；第二個是緣著
能統攝諸法的蘊等；第三個就是內心安住於所見所聞的佛
陀的身像。那「**隨順、趣向、臨入**」，怎麼理解呢？這
個依次就是指「趣向、進入、已入」；這個「臨入」，藏
文就是已經進入的意思。07'27"

那麼為什麼十二分教都是「隨順、趣向、臨入真如」
呢？開示無常、苦等等，是最終引導眾生進入真如的方
便，所以是「趣向真如」；開示粗分的無我，是「進入真
如」；開示細分的無我，是「已入真如」。這是一種解釋

方式。另外還有一種解釋方式說：「隨順、趣向、臨入」三者，可以理解為「加行、正行、結行」三者，或者以下、中、上三品的行相趣入那個內涵。08'07"

那麼接著我們再往下看，「**其於蘊等住心之法**」，有找到行吧？08'17"

> **其於蘊等住心之法，謂先了知一切有為五蘊所攝之理，次於五蘊漸攝有為，即緣五蘊任持其心。譬如別別簡擇而串習之，能生妙觀察慧；如是攝略而修，亦引生勝三摩地，攝心所緣而不流散。此即對法論之教授。如是亦應了知界、處攝一切法之理，漸攝於彼任持其心。**09'01"

安住於蘊等的方法，是指了知一切有為法含攝在五蘊當中的方式，也就是先知道凡是有為法一定是五蘊其中的一蘊。09'16"

大家對此有疑問嗎？為什麼要這樣說呢？09'20"

那麼先想：五蘊是什麼呀？色、受、想、行、識五蘊，對吧？有為法與無常法是同義的，一切有為法可以攝為三種：色法、心識、心不相應行法。那麼所有的色法是色蘊嗎？都是色蘊。換句話說，色蘊含攝了所有的色法，是這樣吧？ 09'43"

所有的心識都含攝在受、想、行、識四蘊當中。 09'49"

那麼心不相應行法含攝在哪兒？心不相應行法也含攝在行蘊當中。 09'57"

由於五蘊能含攝所有的色法、心識、心不相應行法，所以五蘊能含攝一切有為法。是這樣吧？那麼先了解五蘊含攝一切有為法的道理，之後緣著有為法已經漸次、漸次含攝於五蘊當中，從廣大的分類然後漸漸統攝、統攝、統攝，最後統攝到五蘊當中，緣著這一些而執持內心。 10'31"

　　而如同串習別別簡擇，就能生起分別觀察的智慧；同樣地，如果串習略攝，也能生起不流散到其他境界，內心收攝於所緣的這個三摩地。這是哪兒的口訣教授啊？這是對法論的口訣教授，對法論。那麼同樣地，我們也要了知界與處含攝一切法的道理，也就是一切法可以統攝在十二處與十八界當中的道理，統攝其中，並且執持內心。11'20"

　　好！今天就講到這裡，謝謝大家！下週見！ 11'29"

講次0047
依靠具足殊勝目的所緣

　　大家好！很高興又到了我們一起學習《廣論》的時間了。上一講我們學完了「淨惑所緣」，今天我們往下學。請大家把《廣論》打開到 353 頁第 2 行，我們現在一起來看原文：00'39"

　　此中，淨行所緣如所宣說，易除貪等上品行者之貪等，依此易得勝三摩地，故是殊勝所緣。善巧所緣，能破離彼諸法之補特伽羅我，隨順引生通達無我毘缽舍那，故是極善奢摩他所緣。淨惑所緣，能總對治一切煩惱，故義極大。遍滿所緣，離前所緣非更別有。01'26"

《廣論》段落
奢摩他校訂本：P45-L9 ～ P46-L4 此中，淨行所緣……所緣建立。
福智第三版：P353-L2 ～ P353-L5 此中，淨行所緣……所緣建立。

這四種所緣當中,「淨行所緣」如同所說的,容易去除貪欲等猛烈現行者的貪欲這些煩惱等等,並且依著淨行所緣很容易就獲得三摩地,所以淨行所緣是殊勝的所緣。01'48"

那麼「善巧所緣」呢,善巧所緣破除了不屬於這些法的補特伽羅我,所以隨順於引生通達無我的毗缽舍那。透過緣著善巧所緣來修,注意!透過緣著善巧所緣來修,容易引生通達無我的毗缽舍那,所以是極為善妙的奢摩他的所緣。02'23"

「淨惑所緣」能成為總體的煩惱的對治品,所以意義是非常重大。02'33"

「周遍所緣」就含攝在上面的這些所緣當中,除了上面這些所緣之外,並沒有另外的周遍所緣。02'45"

所以這四種所緣都有特殊的目的,或者是為了去除煩惱的現行,或者是隨順引生通達無我的毗缽舍那,並不是隨意地緣。並不是自己想緣著什麼就緣著什麼，它不是一個很隨意的事情，它是很慎重的，都有其特殊地意義存在。03'18"

那麼在《四家合註》裡邊，巴梭尊者有解釋到說：這裡提到的「善巧所緣」，是不是指這些所緣是善巧者的所緣呢？答案是：不是。「善巧所緣」是指修行者透過修持這些所緣，會成為善巧者的意思。所以現在修持這些的補特伽羅實際上是愚癡增上的人，並不是善巧者，但正因為愚癡增上，所以才要修善巧所緣。他透過了緣著善巧所緣，愚癡的人也能夠變成善巧者，所以這些所緣才稱為什麼呀？善巧所緣。它是從因到果這樣的一個訓練，正因為是愚癡的，所以才緣這些所緣，然後修鍊之後就變成善巧所緣。所以它就在結果上等著我們，說這是善巧所緣，還是滿激勵我們去修的。04'24"

再看下一段。04'28"

故當依具足殊勝所為之奢摩他所緣修三摩地，或以

塊石草木等為所緣依處而修定者，自顯未達妙三摩地所緣建立。 04'48"

這一段話在說什麼呢？這一段經文。說：所以修行者必須要依靠具足殊勝目的的奢摩他所緣來修習三摩地，如果是以石塊啊、樹枝啊這一些作為所緣的依處而修定，宗大師會認為這些人顯然是不了解三摩地所緣的這個論述。05'20"

那麼在《四家合註》裡邊，語王大師也解釋說緣著樹枝啊、石塊，以及單純地緣著內心的清晰明了——就是他內心是很乾淨的這樣一個狀態來修的話——能不能修成寂止呢？大家想一想。實際上也能修成寂止的。所以就「能修成寂止」這個角度來說，緣著前面的四種所緣，以及緣著什麼樹枝、石塊，甚至內心的明淨等等這一些，在「能修成寂止」這點上是沒有差別的——能修成！ 06'02"

但是，由於緣著佛陀所說的修定的所緣，在修定的時候，注意！在修定的時候，附帶——有附加很大的這個功效，附帶也能成為比較強猛煩惱的對治品。很吸引人吧？他一邊修定，一邊比較強猛的煩惱的對治品也修了；另外，還有能隨念佛陀，具有這一些殊勝的目的。所以緣著這一些所緣，比緣著樹枝與石塊要不要超勝啊？那超勝太多了！就像一個人決定了做一件事情，在做這件事情的時候，把很多其他的急事附帶一併都處理了，那你說他是不是非常有能力呢？是很厲害的！ 06'59"

所以，如果修禪定的時候，不只是為了獲得奢摩他而修，注意！不只是為了獲得奢摩他而修，那麼在修定還能懷著什麼樣的願望呢？就是希望能夠斷除自心中強烈的煩惱，那麼就應該緣著「淨行所緣」來修習奢摩他。比如說像貪心很強烈的人啊，透過淨行所緣，在獲得奢摩他的時候，同時能不能減少貪心？是可以的，因為有強烈地對治。那麼透過「善巧所緣」在修習奢摩他的時候，不只是可以成就世間的奢摩他，也能引發出世間的什麼呀？奢摩他。對不對？也能引發出世間的奢摩他。 07'45"

透過「淨惑所緣」，修世間道或出世間道，具有著壓伏煩惱還有徹底地對治煩惱的這個作用。那麼「周遍所緣」，就含攝在上面的這個三種所緣當中，除此以外，有沒有另外的周遍所緣呢？應該沒有了。08'06"

在修奢摩他的時候，像剛才講過，緣著石頭、緣著草木都可以修成的，只不過你這樣修定修成了之後，其實順帶的那些功德、那些作用就成辦不了。所以這裡就顯示了一個由於所緣的差別，所顯示的修道所得到的結果的不同，內外道在所緣上就是有很大的差別了。當哪個煩惱的勢頭比較強盛的時候，要能夠制伏它的勢頭，然後憶念佛陀──這是仁波切講的──憶念佛陀，然後累積殊勝的福報，在修的時候能讓福智資糧迅猛地增長，透過這種方法而修奢摩他是非常殊勝的。所以內道的奢摩他的修法比外道的修定的方法，大家想一想，是否是更勝一籌呢？更加地超勝！因為如果辦一件偉大事情的同時，而且辦成了其他的更大的那個事情，那這件事何樂而不為呢？09'20"

所以在這個所緣的問題上，如果能夠依照傳承的教授，看一看佛陀的教誨是什麼，祖師、佛菩薩怎麼解釋這個傳承的教授，能夠得到清淨所緣的這個教授，再如法地修行的話，我們會不會節約很多時間，而且會有很多很多的意外收穫呢？所以還是很令人歡喜的，大家認為呢？09'49"

講次0048
破除修空性不應有所緣的見解

　　大家好！很高興又到了我們一起學習《廣論》的時間了，這一週大家還好嗎？今天的課程我們要釐清一些重要的知見，所以大家一定要認真地聽！好！請大家把《廣論》翻開 353 頁，看第 5 行。請大家跟我一起看原文：00'46"

> 又有說於注所緣處持心，皆是著相，遂以不繫所緣境，無依而住，謂修空性。01'01"

　　這個是一個他宗的想法，宗大師舉了一個他宗的想法。那麼這個他宗的想法在說什麼呢？就是有人心裡想了，說：「如果是作為所緣投注處而對這個所緣執持內心的話，就會著相，會成為相執。」因此他自己承許不投注於這樣的所緣，毫無所依而止住，這就是修持空性。01'47"

所以這個他宗基本上就是認為內心什麼都不要緣、什麼都不要想，這就是修空性。聽起來他很看重要修空性，很想修空性，特別害怕著相了修不了空性，所以就採用了「不繫所緣，無依而住」的方式。但這樣的方式是正確的嗎？是錯誤的。我們看宗大師是怎麼破除這樣的一個執著呢？02'28"

是全未解修空道理之現相，當知爾時若全無知，則亦無修空之定；若有知者，則須承許所知，由知該事乃立為知。有所知故，即彼心之所緣，以境與所緣、所知是一義故。是則應許彼三摩地亦是著相，是故彼說不應正理。 03'12"

大師認為他宗的這個想法，一句話：「**全未解修空道理之現相。**」就是他宗的這個想法，完全是不了解修持空性方法的一種現象，他不懂得怎麼修空性的方法。那麼為什麼這麼說呢？因為在修空性的時候，注意！他下面說：「**若全無知**」——這裡的「知」是心識的意思——如果沒有心識的話，也就沒有修持空性的定；如果有心識，就必須承許有「由於了知什麼而安立為心識的這個所知」。意思就是，凡是有心識的話，那麼一定有它的對境；如果沒有任何對境的話，是無法生起心識的。如果有「**所知**」，這就是那個心識的「**所緣**」，為什麼呢？因為境、所緣與所知三者是同義。04'16"

既然如此，就必須承許那個三摩地也是相執，因為按照他宗的這個想法來看的話，只要緣著所緣持心就是相執。心有沒有可能什麼境都不緣呢？大家想一想，心有沒有可能有這種狀態呢？心什麼都沒緣，這樣的心能成立嗎？完全脫離境而存在的心，是存在的嗎？還是不存在的？所以他宗認為不緣著任何境就是修習空性，這樣的想法顯然是錯誤的，是極端不合理！05'06"

既然這樣的方式不是修空性，那麼到底怎樣修空性呢？我們再往下看：05'18"

> 又是否修空，須觀是否安住通達實性之見而修，非
> 關於境有無分別，下當廣說。05'29"

另外，是否成為空性的修持，是從「有無安住於通達
實性的正見而修持」來安立的，就是說你到底有沒有安住
於通達實性的這個正見修持，從這個角度安立的。那這裡
邊的「**實性**」是指什麼呢？就是空性的意思。所以，如
果有安住於空正見而修的話，是不是修空性啊？就是在修
持空性；那麼如果沒有安住於空正見而修的話，請問是修
空性嗎？就不是修持空性。06'13"

可是有人，注意！可是有人卻認為：「分別對境，就
不是修空性；不分別對境，就是修空性。」這樣的想法是
對的，還是錯的？顯然是錯的！這一點後面大師會詳盡地
說明。因為是否成為空性的修持，並不是從——注意——
對於一個境界的分別和不分別的角度來安立，不是從這樣
的角度來安立的。有聽清楚吧？我們往下看：07'02"

又說安住無所緣境者，彼必先念：「我當持心，必令於境全不流散。」次持其心。是則定須緣於唯心所緣，持心全不流散為相，言無所緣便與自心體驗相違。07'25"

那麼這一段是在講什麼呢？說：即使是承許沒有所緣境而止住，也必須是事先心裡要想：「我要執持自己的心，無論如何都不要流散於任何的對境。」接著才執持內心，對吧？如果是這樣的話，一定需要只緣著內心為所緣，而執取不流散於任何境的這個行相。因此，他宗承許，注意！他宗承許沒有所緣，其實是與自己的經驗、自己的體驗是相違的，因為即使自己覺得沒有所緣，實際上有沒有所緣啊？有。實際上是緣著什麼呀？就是緣著「不緣其他所緣的行相」的這個境，還是有緣著境。08'26"

有沒有聽明白？那麼接下來我們往下看：08'33"

故明修定諸大教典，說多種所緣，義如前說，故於住心所緣依處，應當善巧。又《修次論》說奢摩他

> 所緣無定，《道炬論》說「於隨一所緣」者，義謂
> 不須定拘一種所緣差別，非說凡事皆作所緣。
> 08'57"

　　這一段話是說：因此修定的諸大教典中宣說了許多種所緣，這一些的目的也是如同前面所說的，所以應當善巧內心安住的這個所緣。「**義如前說**」的「義」，不是指「意思」，而是指「目的」；「義如前說」就是目的同前面說的一樣，就是那個意思。那麼《修次第論》呢？《修次第論》中有提到奢摩他的所緣是沒有固定的。《道炬論》中也說「對於任何一種所緣」，是不是指可以隨意緣任何一種所緣呢？是不是這個意思呢？宗大師說《道炬論》這句話的意思是「不需要固定某一種所緣的別相」，並不是說任何存在的事物都可以作為修定的所緣。也就是說，不同的補特伽羅可以緣著不同的所緣來修定，但不是自己想緣什麼就緣什麼，沒有那麼大的自由度。10'09"

　　所以在怎麼樣去釐清《修次第論》還有《道炬論》這個經典這句話的理解，大師也給出了我們非常清淨的一個

見地和解釋的方式。我們一定要非常認真地研究一下這到底是怎麼回事，把原來對於修定的很多錯誤的、不著邊際的想法改過來。10'46"

　　以上我們就學完了「**總建立所緣**」的三個科判當中的第一個科判——「**明正所緣**」。不知道該釐清的概念，諸位有沒有如經典中所說的那樣一點點把它釐清楚？如果一開始不知道是什麼，可以還是像以往一樣重複地聽幾遍，別嫌麻煩。因為這種事情是非常大的事情，千萬不能搞錯了，也不能模糊，一定要非常地清楚才對得起佛陀，也對得起我們自己這麼辛苦地想要修行吧！因為將來我們要用這樣的正確的修行方式去解脫生死，而且還要令一切有情能解脫痛苦，一個這麼真誠的目的，一定要正確的方法才能夠達到它。所以我們在這個修行所緣的問題上，千萬不可以馬虎、不可以模稜兩可、不可以想什麼就是什麼。一定要沿著清淨的傳承所指示的方向這樣來修行，才會能夠得到我們想要的那樣一個殊勝的結果。大家認為呢？12'12"

廣論止觀初探

顯示何等補特伽羅應緣何境

講次0049
哪種補特伽羅應緣的
淨行所緣（一）

　　大家好！又到了我們一起學習《廣論》的時間了，很開心吧？上一次我們學完了「明正所緣」，今天我們繼續往下學「**顯示何等補特伽羅應緣何境**」。請大家把《廣論》打開 354 頁第 1 行，請和我一起看原文：00'45"

二`**顯示何等補特伽羅應緣何境者：若貪增上，乃至尋思增上補特伽羅，如《聲聞地》引《頡隸伐多問經》云：「頡隸伐多，若有比丘勤修觀行，是瑜伽師若唯有貪行，應於不淨緣安住其心；若唯有瞋行，應於慈愍；若唯癡行，應於緣性緣起；若唯有慢行，應於界差別安住其心。」又云：「若唯有尋**

《廣論》段落
奢摩他校訂本：P47-L7 ～ P48-L8 ⼆`顯示何等……當知亦爾。」
福智第三版：P354-L1 ～ P354-L8 二顯示何等……當知亦爾。」

170

思行，應於阿那阿波那念安住其心，如是名為於相稱緣安住其心。」01'43"

這一段是在講什麼類別的人要緣什麼境，顯示什麼樣的補特伽羅應該緣什麼樣的境修定呢？如果是貪欲增上的──有沒有注意到都是和內在的煩惱有關係的──如果是貪欲增上的，乃至於尋思增上的補特伽羅，這裡邊的「**增上**」是什麼意思啊？就是「比較強烈」的意思。貪欲增上，就是貪欲比較強烈；尋思增上，就是尋思比較強烈。尋思比較強烈是什麼？就是比較散亂，東想西想，心裡像個跑馬場一樣馬不停蹄。那麼這些補特伽羅到底應當緣著什麼樣的所緣來修奢摩他呢？02'36"

在《聲聞地》裡所引的《頡隸伐多請問經》中，佛陀告訴長老頡隸伐多。大家知不知道長老頡隸伐多是誰呢？他是佛陀的聲聞弟子中坐禪第一的喔！頡隸伐多長老是摩竭陀國王舍城外那羅陀村大婆羅門的兒子，而且，注意喔！他是舍利弗尊者的弟弟。關於他出家的因緣是挺奇特的，有一次他不知道去做什麼，走在路上下起了大雨，他為了避雨就趕快跑進了一個神祠，在裡邊休息一下、避雨一下，就是一個小廟。然後在深夜裡他就看見有兩個鬼搶著吃人的屍體，他在深夜裡看到了這樣的一個場景，由此體悟到了人生虛幻啊！所以就前往佛陀的住處，聽聞佛陀的開示，然後成為了一個出家人——出家入道。04'06"

　　佛陀在經典中就告訴這個長老頡隸伐多，跟這個長老說，說什麼？勤修觀行的比丘瑜伽師——「**勤修觀行**」，藏文直譯過來就是修行瑜伽、行持瑜伽的意思——行持瑜伽的這個比丘瑜伽師如果是唯獨貪欲現行，這個瑜伽師還是比較精勤地修行的，如果他唯獨貪欲現行的話，內心裡貪欲很熾盛，那麼內心要投注於不淨的所緣；如果是瞋心現行者，那麼內心要投注於慈心；如果是愚癡現行的人，內心要投注於此緣的緣起——「**緣性緣起**」，藏文直譯過來就是「此緣的緣起」，也就是依靠這個因緣而起。如果是，注意！下一個，如果是我慢現行的人，內心要投注於什麼？投注於界的差別。《頡隸伐多問經》中又說：如果是唯獨尋思現行者，內心要投注於「**阿那阿波那念**」。什麼是「阿那阿波那念」？也就是要憶念出入息。這就是內心投注於相稱、相符順的所緣,對不對? 05'42"

我們再往下看,往下看喔! 05'45"

《聲聞地》亦云:「此中若是貪、瞋、癡、慢及尋思行補特伽羅,彼於最初唯應先修淨行所緣而淨諸行,其後乃能證得住心。又彼所緣唯是各別決定,是故彼等定應以彼所緣勤修。」故定勤修彼等所緣。 06'13"

那麼這一段又在說什麼呢?還是《聲聞地》。在《聲聞地》中也有說:「其中貪欲、瞋恚、愚癡、我慢,還有尋思現行的這種類型的修行人、補特伽羅,最初只應在淨行所緣當中淨化自己的現行,之後才能夠證得住心。而他們的所緣也只能是各別決定,不能說統一都修一個,是各別決定的,所以他們一定要透過那個所緣精進修行。」因此必定應當精勤修習這些所緣。 06'52"

　　有的善知識說：就像放一碗滿滿的水在地上，你必須把地面上的那個石塊呀、沙礫呀清潔乾淨；又像必須止息狂風，才能讓水面得到平靜。必須先平息粗猛的這個煩惱才能修起來寂止。07'22"

　　這上面是講了貪、瞋、癡、慢及尋思現行的補特伽羅應當緣著什麼所緣，如果不是貪、瞋、癡、慢及尋思任何一者比較強烈的補特伽羅，那又要緣著什麼所緣呢？再看看宗大師怎麼說。07'45"

> 若是等分或是薄塵補特伽羅，於前所緣隨樂持心即可，無須決定。《聲聞地》云：「等分行者，隨其所樂精勤修習，唯為少分住心，非為淨行。如等分行者，薄塵行者當知亦爾。」08'10"

　　說如果是「**等分**」，看這兩個字：「**等分**」，就是「均等現行」。那麼是什麼等分了？就是把煩惱等分了。像貪、瞋、癡、慢這種放在盤子裡一看，沒有什麼特別多的，都差不多很平均，有這種類型的。比如說貪、瞋、癡、慢及尋思這幾種沒有任何一者比較強烈的，都是很平均的、差不多，均等現行。還有一種，「**或是薄塵補特伽羅**」，注意「薄塵」！你看那個「塵」，它是塵埃的塵、塵勞的塵，就是他煩惱比較輕微的補特伽羅。在前面講過的那些所緣當中，對於所喜好的一個所緣執持內心就可以了。就是這裡面講的等分的或者薄塵的補特伽羅，在前面的所緣中找一個自己喜歡的修就可以了，不需要限定緣什麼所緣。像前面貪欲熾盛的還有瞋心熾盛的，它都有限定什麼所緣，但是均等的就不限定，你找一個你喜歡的。09'19"

因為《聲聞地》中說：均等現行者，由於只是為了少分的住心，所以應當精勤修習所喜好的所緣，而不是為了淨化現行。注意！這裡邊提到了「**唯為少分住心**」，這是什麼意思呢？如月格西有解釋，這裡的「少分住心」，不是指一點點的住心，而是它有個比較的，比較什麼呢？就是相較於貪等煩惱比較強烈的補特伽羅修寂止而言。貪等煩惱比較強烈的補特伽羅透過淨行所緣而修寂止時，不僅僅是為了獲得住心，還要藉由淨行所緣降伏心中粗猛的煩惱；而等分行者或薄塵行者他不需要做這個，他不需要透過修習淨行所緣降伏粗猛的煩惱，只要緣取這個所緣而修住心，所以才說「少分住心」。10'30"

換句話說，等分行者或薄塵的行者只要修住心就好了，不需要先降伏自心中很粗猛的那個煩惱。如同均等現行者可以精勤修習所喜好的所緣，我們應該了解到煩惱輕微的也可以這樣的，找一個自己喜歡的，不一定要限定緣什麼所緣，看他們喜好哪一個所緣，對哪一個所緣有歡喜心就可以緣那個所緣。11'06"

看一看，這個煩惱有一個突起的，就是很多的、很熾盛的，這個就要限定；如果都是均等的，還有煩惱比較輕微的人，他不需要規範這麼多，找一個自己喜歡的就可以了。那麼大家的問題可能是說：我是哪種類型呢？大家可以觀察一下。11'31"

現在我們是哪種類型呢？現在我們是要好好地聞思「什麼是止、什麼是觀」的這種類型的，對不對？現在我們就在學習！所以大家好好珍惜這個能一起學習奢摩他還有毗缽舍那的因緣，要珍惜這樣的因緣好好學下去。謝謝大家！ 11'57"

講次0050
哪種補特伽羅應緣的
淨行所緣（二）

　　大家好！很高興又到了我們一起學習《廣論》的時間了，今天我們繼續學「**顯示何等補特伽羅應緣何境**」。請大家把《廣論》翻開到 354 頁，請看第 8 行。有找到行吧？請大家看原文：00'47"

> **貪等五增上者，謂先餘生中於貪等五，已修、已習、已多修習，故於下品貪等五境，亦生猛利長時貪等。**01'10"

　　解釋一下，這個「**貪等五增上者**」——貪、瞋、癡、慢、尋思五者，「**增上**」就是比較強烈。那這是什

《廣論》段落
奢摩他校訂本：P48-L8 ～ P49-L5 貪等五增上者……速證心住。
福智第三版：P354-L8 ～ P354-L13 貪等五增上者……速證心住。

麼意思呢？就是由於前世對於貪欲等五者，它有幾個字「**已修、已習、已多修習**」，也就是他慣習、串習，還有多次地熟習。那麼「已修、已習、已多修習」這三個怎麼理解呢？有的善知識解釋說：「修」是什麼呢？修，就是指時常靠近引生貪等五者的對境，他靠近那個境，時間比較長。那麼「習」呢？注意！這個習就是指數數地作意，老是想。「多修習」就是指數數地做，它還是指一個串習力。由於「已修、已習、已多修習」，導致即使面對下品的、微小的這種貪欲等五者的對境，也會生起猛利還有長時間的這種貪欲等五者。02'47"

我們可以看到我們要學習的是「何等補特伽羅應緣何境」，那麼第一個是「增上者」——這裡邊舉了三種——第二是「等分者」，第三個就是「薄塵行者」。增上者剛才了解了一下，那麼等分行者什麼樣呢？什麼是等分行者呢？我們可以再往下看。有找到行吧？03'17"

等分行者，謂先餘生中於貪等五，不修、不習、不多修習，然於彼法未見過患、未能厭壞，故於彼境

無有猛利長時貪等，然貪等五非全不生。 03'44"

那麼這一段是在講什麼呢？這個「**等分行者**」，他的各種煩惱是比較均等現行。那這個均等現行的這種現行是怎麼來的呢？都是要推向前世，前世對於貪欲等「**不修、不習、不多修習**」──不慣習、不串習、不多次地熟習。他做到了這個，沒有做到什麼？但是他沒有將貪欲等視為過患、進行厭壞、破壞。就是在內心要做這樣的一個過患想，進行這樣破壞式的修習，他沒有做。所以面對這些境界的時候，雖然不會生起猛利和長時的這種貪欲等等，但是大家想一想，貪欲會不會生起呢？還是會的。為什麼？因為他沒有做那些破壞、沒有做那些強烈的對治。這是等分行者。04'56"

接下來該到「**薄塵行者**」了。那麼什麼是薄塵行者呢？看書，有找到行吧？ 05'04"

薄塵行者，謂先餘生中於貪等五，不修習等、見過患等，故於眾多、美妙、上品貪欲境等貪等徐起，

於中下境全不生起。 05'27"

「薄塵」，我們以前想到薄的時候都跟薄福在一起，薄福好像是福報很少的感覺，但是這裡邊薄塵行者可不是那個意思哦！這個「薄塵行者」其實就是煩惱輕微的人。他為什麼能夠是薄塵行者呢？要推到過去的話，在過去生中他不習慣去串習貪欲，而且將貪欲等視為過患。所以他面對眾多、美妙、上品的貪欲的對境——這還是以貪欲為例來說的——當面對眾多、美妙、上品的貪欲的對境的時候，發生什麼事呢？注意！貪欲才會緩緩地生起。那麼如果是面對中下等的對境，大家可以想一想，如果是面對中下等的對境，他能不能生起貪欲呢？根本不會生起貪欲等。為什麼呀？這是由於過去生努力修行才達到的一個結果。所以還是很令人可喜的！這是薄塵行者。06'57"

那麼我們再往下看，看文。07'03"

又增上貪等經極長時，等分行者非極長時，薄塵行者速證心住。 07'13"

181

這段法語就是以貪等為例，觀察分析增上貪行者，還有等分行者、薄塵行者這三類的修行人，他們與奢摩他的距離到底有多遠，三者相比花費的時間的長短如何。比如說第一個他是什麼？「**增上貪等**」對不對？這個貪欲等五者比較強烈的人，要經過漫長的時間才能證得住心，就是才能得到禪定喔！因為過去生串習那一些貪欲等五種增上得太強烈了，所以他修定的時候要花非常長的時間，長路漫漫啊，才能夠證得住心。08'11"

那麼第二個「**等分行者**」，他要花多少時間呢？因為等分行者他是均等現行的，所以他肯定是不用花費到增上者那麼多的時間，不用太長的時間他就能夠證得住心了，就不用太辛苦。08'30"

那麼最幸運的很顯然就是「**薄塵行者**」了，薄塵行者他是煩惱輕微的，煩惱輕微的就是他那個心比較好受控制吧！所以他能非常迅速地證得住心。這裡的「住心」就是指初禪近分定以上的這個定。大家有沒有看到這三類行者，薄塵行者是花很少的功夫就能得到住心。你們現在在想什麼？在想，在對號是吧？這裡的住心，我再說一遍，是指初禪近分定以上的這個定。09'26"

那麼總結一下，綜上所述，說貪等煩惱的粗重與輕微和什麼有關哪？和過去生的串習有直接關係，對不對？如果觀察到自己這一生煩惱非常地粗猛，或者是平等、或者是輕微，那麼很顯然，煩惱非常粗猛的就很吃虧呀，修行的時候就會很辛苦。但是縱然辛苦也必須立定心志，絕不再數數對境！絕不再猛烈串習！因為如果這一生再猛烈地串習，從業增長廣大的角度去看的話，到最後會沒法修行了，修行會更加更加地辛苦。所以在對境的時候一定要提正念，要知道自己的弱點，不要膽子太大，一直去觸碰那個容易引生煩惱的境界。如果我們在觀察身心的時候發現心念又雜染了，應該立刻現起對治，對吧？不可以泡在煩惱裡。為什麼？因為泡在煩惱裡就增長廣大呀！這是非常重要的。10'48"

那麼為什麼我們能夠很快地發現這個心起雜染了呢？那一定是有正知了，對不對？正知一定是有準備的心，所以碰到煩惱的境的時候不可以沒有準備。為什麼能夠那麼快地現起對治？因為我們知道煩惱的過患，這是非常重要的！煩惱是一個惹不起的、洪水猛獸般的、兇殘地攪擾我們生命平靜的非常非常糟糕的事情，它會直接威脅到我們的戒律、威脅到我們的人身。所以能從淨行所緣去修治相續中的煩惱，是很幸運的事情，應該說是非常非常幸運的事情！ 11'45"

所以我們一定要打起精神來，不要屈就於煩惱這個敵人。因為一旦屈服，我們就會造下萬劫不復的惡業，就只能守不好戒，就只有三塗的果報。對於佛陀所說的因果法則不可以太粗糙，祖師曾說過應心細如髮，要心思縝密地、心思綿密地去觀照我們的三業。師父在這點上也教誡我們說：持戒的狀態就是如臨深淵、如履薄冰。 12'29"

以上我們就學完了哪一種補特伽羅要緣什麼淨行所緣。大家有聽清楚吧？ 12'40"

講次0051
哪種補特伽羅應緣的善巧所緣

　　大家好！很開心又到了我們一起學習《廣論》的時間了，希望大家能夠專注地聽，認真地發心。今天我們繼續學習「**顯示何等補特伽羅應緣何境**」，請大家翻開《廣論》354頁倒數第1行。00'41"

　　善巧所緣為何補特伽羅之所勤修，亦如《頡隸伐多問經》云：「頡隸伐多，若有比丘勤修觀行，是瑜伽師若愚一切諸行自相，或愚我、有情、命者、生者、能養育者、補特伽羅事，應於蘊善巧安住其心。若愚其因，應於界善巧。若愚其緣，應於處善巧。若愚無常、苦、空、無我，應於緣起、處非處善巧安住其心。」此五所緣正滅愚癡。01'44"

《廣論》段落

奢摩他校訂本：P49-L6 ～ P50-L1 善巧所緣……正滅愚癡。

福智第三版：P354-L13 ～ P355-L3 善巧所緣……正滅愚癡。

　　看一下這段，說哪一種補特伽羅要精勤於善巧所緣呢？這個也就如同《頡隸伐多請問經》這裡邊所說的，在這部經裡佛陀就告訴長老頡隸伐多說：「行持瑜伽的比丘瑜伽師啊！如果對於一切諸行的自相完全地愚昧，或者對於我、有情、命者、生者、養者與補特伽羅事完全蒙昧，內心要投注於蘊善巧。」02'25"

　　那麼什麼是諸行的自相呢？這裡的「**行**」是指有為法，有為法與無常是同義的嗎？是同義的。諸行的自相就是指有為法之上的特徵，舉個例子來說，有為法之上因緣所生的這個體性、壞滅的體性等等。那麼「因緣所生」是什麼意思啊？一切有為法都是因緣所生的，因緣聚合有為法才能夠生起；如果因緣不聚合的話，有為法是無法生起的。比如說好的橡樹種子就是橡樹的因，除了這個橡樹的種子之外，還要有土壤、有陽光、雨水，這些都具足了，這個種子才能長成一棵大橡樹。所以橡樹是什麼呀？是不是因緣所生法？對！是因緣所生法。03'38"

　　那麼有為法之上壞滅的體性是什麼呢？就是所有的無

常法都是剎那、剎那生滅，比如人還有很多動物，從出生的那一剎那起就剎那、剎那生滅，我們的身心都剎那、剎那不斷地改變。因為剎那、剎那不斷生滅之後才會出現老死，老死是粗分的無常，我們一般人這個都是看得到的。但是粗分無常是如何形成的呢？它源於細分的無常。那細分無常源於什麼？源於無明。無明有很多種，那麼是源於哪一種無明呢？就是指執著諸法有自性的這個無明，這個無明就是生老病死的根本。因為執著諸法有自性，所以我們為業、惑所自在，有遍及三界的這個行苦。行苦不破，生死不出啊！所以要學習空性對付行苦、對付無明，消除無常的苦性，極大地增廣無常法上的什麼呀？樂性，無常法還有樂性。一直努力直到證得一切智智。05'11"

那問大家一個問題：佛陀的色身是無常法嗎？你們的答案是什麼？雖然佛陀的色身也是無常法，但不是生死所攝的，是悲智力圓融的功德的體現。05'38"

佛陀對坐禪第一的長老頡隸伐多說：行持瑜伽的比丘瑜伽師，如果「愚」——這裡邊出現了「愚」字，這個愚是不了解或者顛倒了解，那麼是對什麼不了解或顛倒了解呢？「**一切諸行自相、我、有情、命者、生者、能養育者、補特伽羅事**」，就是對於無常的特徵、我、有情、命者、生者、能養育者、補特伽羅事都不了解。那麼這個時候應該怎麼辦呢？「**應於蘊善巧安住其心**」，內心要投注於蘊善巧。在後面的毗缽舍那開頭，《四家合註》裡邊有解釋說：像我、有情、命者、生者、能養育者，這些都是與補特伽羅同義的。那麼什麼是「補特伽羅事」啊？這裡的「補特伽羅事」，月格西解釋說是「補特伽羅的體性」，這個「事」就是體性的意思。07'09"

那麼如果對於「**因**」完全蒙昧，內心要投注於「**界善巧**」，注意！投注於界善巧。透過學習十八界，我們能夠知道心識生起的因，由於所取境六界、所依根六界，才能夠生起能依識六界。如果對於「**緣**」完全愚昧，那麼內心要投注於什麼？投注於「**處善巧**」，透過學習十二處，我們就能夠知道心識生起的緣，由於外在的六處與內在的六處能生起心識。如果對於「**無常、苦、無我**」完全地愚昧，內心要投注於什麼？內心要投注於「**緣起**

善巧」及「**處與非處**」，透過學習緣起，我們能夠了知諸法是無常的、是苦的、是無我的。08'24"

有沒有發現這五種所緣主要是遮止什麼的？遮止愚癡、遮止愚昧。所以對於不同的法愚昧，就要讓我們的心投注於不同的所緣。這就是哪一種補特伽羅要緣哪一種善巧所緣。08'48"

我們今天就學到這裡，有認真聽吧？對！我們要一起學下去，謝謝大家！今天就先到這裡。09'05"

講次0052
哪種補特伽羅應緣的淨惑所緣

　　大家好！很高興又到了我們一起學習《廣論》的時間了，這一週你們還好吧？今天我們繼續學習「**顯示何等補特伽羅應緣何境**」，請大家翻開《廣論》355頁第3行。有找到嗎？我們一起來看原文。00'42"

> 淨惑所緣為何補特伽羅安住其心，亦如前經云：「若樂離欲界欲，應於諸欲粗性、諸色靜性；若樂離色界欲，應於諸色粗性、無色靜性安住其心。若樂厭患及樂解脫遍一切處薩迦耶事，應於苦諦、集諦、滅諦、道諦安住其心。」01'22"

　　這一段就是在講解，哪一種補特伽羅內心要投注於淨

《廣論》段落
奢摩他校訂本：P50-L2 ～ P51-L4 淨惑所緣……諸名差別。」
福智第三版：P355-L3 ～ P355-L12 淨惑所緣……諸名差別。」

惑所緣呢？「**前經**」就是指《頡隸伐多請問經》。在《頡隸伐多請問經》中佛陀對長老頡隸伐多說：如果是想要脫離欲界的貪欲，想要對欲界離欲的話，內心要投注於什麼呢？要投注於欲界的粗劣性與色界的寂靜性。也就是要投注於欲界與色界相比，欲界是怎麼樣？是粗劣的；色界與欲界相比，色界是寂靜的。透過這樣的修持，就會讓我們能夠對欲界離欲，應該還是修一個過患相——對比之後的過患相。02'24"

那麼如果想要脫離，注意！現在已經往上去了！如果想要脫離色界的貪欲的話，內心要投注於什麼呢？那內心要投注於色界的粗劣性與無色界的寂靜性，也就是要對比色界與無色界的優劣。注意喔！還是源於對比，對比優劣，我們的心就會發生改變。03'00"

那麼如果想要內心厭惡並解脫一切薩迦耶事，注意！這裡邊的「**薩迦耶事**」就是指有漏的近取蘊。記得師父在《廣論》裡有講有漏的近取蘊吧？那個時候還比擬一下佛身，對吧？講佛身有多好、多好，我們那個有漏的近取蘊有多苦、多苦。這裡邊的薩迦耶事就是指有漏的近取蘊，例如由於業惑我們投生於六道輪迴中，我們的色蘊就是屬於有漏的近取蘊。有漏的近取蘊是什麼？就是生死輪迴。常常我們會考慮要離開生死輪迴，生死輪迴在哪裡呢？就是這個有漏的近取蘊啊！如果想要內心厭惡並解脫一切薩迦耶事，就是要厭惡這個輪迴、整個的這個有漏的近取蘊，我們的內心要投注於苦諦、集諦、滅諦與道諦。如果我們想要厭離生死的話，就要將我們的心投注於四諦法門；這裡邊的「投注」，就是集中心力精進地學修。這一段有聽清楚嗎？ 04'32"

那麼接下來我們再往下看。看書喔！看書。04'41"

此諸所緣，通於毘缽舍那思擇修習，及奢摩他安住修習二種所緣，非唯奢摩他之所緣，然因有者可為新修奢摩他之所緣，有是奢摩他生已勝進所緣，故於修止所緣中說。 05'06"

上面的這些所緣，會成為毗缽舍那進行觀察修的所緣，也是可以的；也會成為奢摩他進行止住修的所緣，所以它並不單單是奢摩他的所緣而已。但是其中有些部分可以作為新修持奢摩他的所緣，有些部分是可以修成奢摩他之後，更進一步提昇勝進的這個所緣，所以在寂止所緣的章節裡解說了這些所緣。雖然是在學奢摩他的所緣時學到這些所緣，但是這些所緣不只是奢摩他的所緣而已，還有什麼？對！也是毗缽舍那的所緣。06'00"

以上我們就學完了「**顯示何等補特伽羅應緣何境**」。佛陀對於不同根性、不同情況的想要修定的人開示了不同的所緣，非常地豐富、非常地精彩！可以想像一下，在樹林裡，還有在水邊、林下，佛陀帶著比丘修定，修定之後就給比丘講怎麼修、怎麼修。在學這一段的時候，不知道你們有沒有同感？我好像進入到一個古老的畫面中聽佛在講經一樣，很美好！06'43"

接下來我們要學習所緣的異門，請大家再往下看。有找到行吧？「三、**顯示所緣異門**」，有找到行嗎？06'58"

三、**顯示所緣異門**：定所緣處、持心之事，即前所說心中所現所緣之影像或行相。其名異門，如《聲聞地》云：「即此影像亦名『影像』，亦名『三摩地相』，亦名『三摩地所行境界』，亦名『三摩地方便』，亦名『三摩地門』，亦名『作意處』，亦名『內分別體』，亦名『光影』。如是等類，當知名為所知事同分影像諸名差別。」07'52"

聽起來會不會覺得：這都是什麼？好像不太了解。但是解釋一下，沒有特別難。顯示所緣的異門，「**異門**」是什麼？大概可以理解成從不同的角度、用不同的名稱來解釋同樣的內涵。那麼執持內心的事，「**事**」是什麼？就是對境。執持內心的事，也是執持內心的對境，可以稱之為什麼？定的所緣處。這裡定的所緣處是什麼？就是在內心現起前面所說的那些所緣的影像或者行相。08'40"

那麼這樣的影像或者行相的異門有哪些呢？這裡邊舉了一部論，在《瑜伽師地論‧聲聞地》中說：這個影像既命名為影像，也命名為三摩地相、三摩地所行境的境界、三摩地的方便、三摩地門、作意的所依,還有內分別體、光影,應當了知這些都是相順於所知事的影像不同的名稱。明白了嗎?就是不同的名字。09'25"

三摩地所緣的影像是所知事同分,注意!到這一部分了,看一看。三摩地所緣的影像是所知事同分,這裡邊出現了「**所知事**」,「**所知事**」是什麼?就是指三摩地的所緣。「**同分**」是什麼?就是相順的意思。那麼「**所知事同分**」,就是指與所知事相順。比如說修定的時候,以佛像作為修定的所緣,心中現起佛像的這個影像。那麼佛像是什麼?是所知事;佛像的影像是所知事同分,與佛像相順。修定的時候緣著佛像的影像而修,所以三摩地所緣的影像是與所知事相順。10'33"

而相順於所知事的影像有哪些不同的名稱呢?剛才說的——你們可以跟我一起說:三摩地相、三摩地所行境的境界、三摩地的方便、三摩地門、作意的所依、內分別體,最後一個是什麼?光影。11'01"

看到「光影」的這兩個字的時候，你們會不會很驚訝？很美的光影、可以讓我們的心專注的光影、得到禪定的光影，還可以帶著我們去修習毗缽舍那有力的內心力量這樣的一個所緣。11'27"

以上我們就學完了奢摩他第十四卷。大家知不知道在《廣論》中奢摩他章總共有幾卷呀？你們能答上來嗎？三卷。那麼我們今天學完了三卷中的第一卷，也就是奢摩他章節的三分之一就學完了。如果你堅持聽到了現在，我先隨喜你，很了不起！是不是不太容易學？但是如果有歡喜、希求心的話，好像也就這樣學過來了。因為這是我們的心之所願處啊！很多很多年來大家都想要學止觀，這也是師父的心願，不然宗大師寫止觀章給誰學呀？我們學《廣論》的都沒學。所以準備了那麼多年，能跟大家一起學我也是真的非常非常地開心，我也是認真認真地學習。所以我們一定要堅持學下去！有聽到嗎？一定要堅持學下去！謝謝！13'00"

廣論止觀初探

明此處所緣

講次0053
辨明當前此處的所緣

　　大家好！很高興又到了我們一起學習《廣論》的時間了。從去年十月我們開始止觀的學習，到現在已經有一年了吧！現在正值十月，這邊天高雲淡，楓葉正紅，天氣也轉涼了，正是用功的好時節。跟我一起學到現在的你們，鼓掌一下！隨喜我們自己堅持學到現在，感恩佛菩薩的加持！00'56"

　　前面我們學完了「總建立所緣」，今天我們要繼續往下學「**明此處所緣者**」。請大家翻開《廣論》356頁，《菩提道次第廣論》卷十五，看第2行。01'19"

┃ 二`**明此處所緣者：如作是念：若爾，已說如是多**

《廣論》段落
奢摩他校訂本：P51-L5 ～ P52-L9 二`明此處……亦引此文。
福智第三版：P356-L2 ～ P356-L10 二明此處……亦引此文。

種所緣，今於此中當依何等所緣而修止耶？ 01'33"

　　這是一個問題，說辨明當前此處的所緣，大師列舉了一種想法，什麼想法？如果心想：前面已經宣說了許多種所緣了，在這些所緣當中，這裡究竟要依著哪一種所緣來修習寂止呢？看看接下來大師的回答是什麼。02'03"

答：如前經說，無有限定，須各別緣，以補特伽羅有差別故。尤其定當修成最下奢摩他者，若是上品貪行者等，須依決定所緣。若不爾者，縱或能得奢摩他隨順三摩地，然不能得實奢摩他。以雖修淨行所緣，然未經久，尚說不得正奢摩他，況全棄捨淨行所緣弗能成故。 02'46"

　　大師回答什麼？說如同前面引過的經典所說，是沒有限定的，因為各別的補特伽羅需要各自的所緣。尤其是一定要修成最下的奢摩他的話，如果是貪欲稍微強烈者，所緣就必須有所限定。因為如果不這麼做的話，會導致什麼結果呢？就縱使可能獲得隨順寂止的三摩地，但無法獲得真正的奢摩他。因為有提到：即使已經修持了淨行所緣，沒有經過極其漫長的時光，況且不能修成奢摩他，更不用說由於棄捨了淨行所緣，是無法修成奢摩他的，所以一定要緣著適合自己的所緣。03'44"

這一段主要列舉了一個上品貪增上的行者，就是他的所緣一定要是有所限定的，如果沒有限定的話，就是沒法修成奢摩他的，所以要選擇緣著適合自己的所緣。那麼接下來我們再往下看。04'15"

尤其多尋思者定應修息。若是等分補特伽羅，或是薄塵補特伽羅，於如前說諸所緣中，隨意所樂作所緣處。04'34"

在這裡邊又解釋一種，思慮較為強烈的人，什麼是思慮較為強烈的？可以理解為散亂心比較強烈，胡思亂想，對吧？那麼這樣的人修定的時候該怎麼辦呢？說尤其必定需要修持風息，什麼是風息？就是數息。這是什麼？思慮較為強烈的。那麼如果是均等現行的補特伽羅，或者是煩惱輕微的補特伽羅，就如同前面所說的，在眾多的所緣當中，以內心所歡喜的所緣作為所緣的依處就可以了。05'24"

這一段是列舉了「**等分**」的，還有「**薄塵**」的人，這種有情他在選擇修定的所緣上，有沒有發現他的自由度很大？就是他可以任意挑他喜歡的所緣。所以就不像貪增上的行者，他的所緣是必須固定的，就是不能挑喜歡的。為什麼呢？因為我們的目標就是修成奢摩他嘛！所以找一個什麼樣的所緣都是有傳承，講得是很清楚的。06'00"

好！我們再往下看，看原文：06'06"

又《修次第》中下二篇，依於《現在諸佛現住三摩地經》及《三摩地王經》，說緣佛像修三摩地。06'21"

另外，《修次中篇》與《修次下篇》依循《現在諸佛現住三摩地經》還有《三摩地王經》這兩部經，提到緣著什麼？緣著佛像修持三摩地。《現在諸佛現住三摩地經》就是漢地盛行的《般舟三昧經》。《三摩地王經》就是《月燈三昧經》，是高齊時代──南北朝時代北朝中的高齊，當時那連提耶舍翻譯的《月燈三昧經》中說，很美喔：「**得如來身紫金色，一切端妙為世親，緣於如是心安住，乃名得定之菩薩。**」這段經文有提到緣著佛像修定。之後我們會讀到法尊法師從藏文《三摩地王經》翻譯過來的經文，那時候我們可以再詳細地探討。07'33"

請大家接著往下看。07'38"

覺賢論師亦說多種，如云：「止略有二，謂向內緣得及向外緣得。其中內緣亦有二種，謂緣全身及依身法。緣身又三，謂即緣身為天形像、緣骨鏁等不淨行相、緣骨杖等殊勝標幟。08'04"

這裡邊舉了覺賢論師，覺賢論師是那爛陀寺的上座，阿底峽尊者主要的上師之一。覺賢論師也曾說：此處的寂止有兩種，一種是透過向內觀視而獲得，一種是透過向外觀視而緣取。其中向內觀視又分兩種，就是緣著身體，還有緣著依於身體者。那麼緣著身體又分三種，第一就是將身體緣取為本尊的行相，這裡的「**天形像**」的「天」就是指本尊的意思；第二種是緣取骨鏁等不淨，這個骨鏁就是骨節相連，形狀有點像鎖鍊一樣，緣取骨鏁其實就是緣取骷髏等不淨；第三是緣取骨杖等殊勝的標幟，也就是殊勝的象徵。那骨杖是什麼？骨杖也可以稱之為天杖，是一種密法的法器。這裡邊殊勝的標幟，是指本尊的法器。這些都可以作為修定的所緣，這些是緣著什麼？對！緣著身體。09'41"

那麼再往下看，又講些什麼呢？看原文：09'50"

緣依身法又有五種，謂緣息、緣細相、緣空點、緣光支、緣喜樂。向外緣者亦有二種，謂殊勝、平庸。殊勝又二，謂緣身、語。」《道炬論釋》亦引此文。10'22"

那麼又細分了，緣著依於身體者也分五種。第一種就是緣著氣息;第二種是緣著細相,細相就是微細的象徵;第三種是緣著空點,空點就是明點;第四種是緣著光支,光支就是光芒的支分;第五種是緣著喜樂。這裡邊的細相、空點、光支、喜樂,這些都是修持密法的時候的特殊所緣,在這裡邊就不詳細解釋了,以後大家有機會可以學。11'06"

向外觀視而緣取有兩種,哪兩種啊?就是有殊勝和平庸兩種。其中殊勝有兩種:緣著身與緣著語。覺賢論師也提到了許多內容,《道炬論釋》中也有引了覺賢論師的這段文。11'35"

那麼到底還有多少修定的殊勝所緣呢?我們可以到下一講繼續學。11'50"

謝謝大家! 11'54"

講次0054
緣佛像修三摩地

　　大家好！很高興又到了我們一起學習《廣論》的時間了，今天我們會繼續向下學，請大家專心地聽。請翻開《廣論》356頁倒數第2行，看原文：00'35"

> 其緣佛身攝持心者，是隨念佛，故能引生無邊福德；若佛身相明顯、堅固，則可緣作禮拜、供養、發願等積集資糧之田，及悔除、防護等淨障之田，極為殊勝；01'10"

　　上一講我們提到這個善所緣，緣著佛身，然後舉了經典。那麼接下來就是解釋這段經文說：其中對於佛身執持內心，就是隨念佛陀，所以能引生無邊的福德。如果佛身

《廣論》段落
奢摩他校訂本：P52-L10 ～ P53-L7 其緣佛身……方便善巧。
福智第三版：P356-L11 ～ P357-L4 其緣佛身……方便善巧。

的形相清晰而且堅固的話，就可以緣取為禮拜、供養、發願等等積集資糧的這個福田，以及懺悔、防護等淨化罪障的福田，也就是可以作為淨罪集資的福田，所以是極其殊勝的！ 01'55"

大家可以看這一段，我們需要注意的是，他是緣著佛身、對著佛身修定的話，其實就是隨念佛。平常可能我們對於念佛的這個所緣就認為可能是執持名號，比如說「南無本師釋迦牟尼佛、南無阿彌陀佛」，這樣就是念佛，其實這裡邊說：「緣取佛身攝持內心」也就是隨念佛。02'28"

好！我們接著再看下一段。02'34"

又如前引《三摩地王經》說，臨命終時隨念諸佛不退失等功德；若修咒道，於本尊瑜伽尤為殊勝，現見有如是等眾多所為。又此勝利及思佛之法，廣於《現在諸佛現住三摩地經》詳明，故如《修次下篇》所說，定應從彼了知。因恐文繁，茲不俱錄。

> **故求所緣依處既能成就勝三摩地，餘勝所為兼能獲得，如是乃為方便善巧。** 03'20"

這一段是說，就像前邊引《三摩地王經》中說，有臨命終的時候不會退失隨念諸佛等等的功德。《三摩地王經》的經文，《廣論》皈依的段落也有引過，大家還記得吧？「清淨身語意，常讚佛勝德，如是修心續，晝夜見世依。若時病不安，受其至死苦，不退失念佛，苦受莫能奪。」大家可以把它背下來。03'58"

這一段還是在說如果能夠隨念諸佛的話，它的功德、它的力量到底有多大呢？我們用清淨的身語意恆常地讚美、歌頌諸佛，由於這個修行者非常非常認真地修持他的心續，因此他晝夜都能夠見到世間的依怙，就都能夠看到佛。04'27"

當生病的時候，有的人念佛會覺得：念佛就不應該生病。我們要求的應該是：當然不生病最好了，但最好是生病的時候能夠不退失正念。所以這裡邊就說，如果他生病了，生病的人會感受到非常非常痛苦啊，比如說吃也吃不下、睡也睡不好，各種診療的辦法有的時候是滿痛苦的，所以感受到強烈的不安。甚至得了重病，病到垂死了，就是最重的疾病了；甚至當死苦降臨的時候，這個念佛的力量有多強？對佛陀的憶念還完全不會退減，他不捨念佛三昧，完全不會被苦受侵奪此心 —— 就是我念佛的心。05'20"

這裡邊講的是我們所有修行人最想要得到的，就是能夠心裡念著佛不會退失，哪怕到生命的最後一刻都是緣念著佛。所以在這一段，還是在讚美緣取隨念諸佛，它不退失，就是一直精進地修行的話，到最後的時刻這個念佛之心也不會退失。甚至是死苦，非常非常劇烈的、令人怖畏的死苦降臨的時候，這個念佛的心反而越加地堅固和清晰，那麼強烈的苦受都是不能奪走的，可見這顆心是多麼地堅定，佛陀的加持是多麼地強烈！06'15"

下面說如果修持密咒道，對於修本尊瑜伽來說將會極其殊勝等等——修本尊瑜伽，就是指修持密法生起次第時觀修本尊。緣著佛像修奢摩他不只是幫助我們成辦奢摩他而已，還有很多其他的目的。以佛像作為三摩地的所緣來修定的話，具有很大的功德；緣佛像不只是能夠成辦奢摩他，而且在緣著佛像的當下，還能夠得到什麼？得到隨念諸佛的功德。06'58"

其中的利益，以及作意佛陀的方法，就在《現在諸佛現住三摩地經》當中有非常清晰詳盡的宣說，所以如同《修次下篇》所說的，必定從《現在諸佛現住三摩地經》中了知。宗大師說在這裡因為顧慮文字過於繁多，所以就沒有詳細地寫出來。因此，尋求既能修成三摩地，同時順帶還能夠獲得其餘殊勝目的的所緣依處，這是不是方便善巧呢？這才是方便善巧！07'52"

大家有沒有注意到這一段說：「**緣著佛身攝持心者，是隨念佛**」，一定要注意這個字叫 ——「攝持心」，就是不能散亂，這樣的話才是念佛。這個念佛裡邊包括讚美佛、禮拜、供養、發願等等，這些都是念佛。尤其是在這裡邊說，如果緣著佛像修定，不僅僅最後得到了定，還會獲得所有其他殊勝目的的所緣處，所以這是極為善巧的一個所緣，也是被宗大師還有無量諸佛所讚歎的一個所緣。08'47"

在《現在諸佛現住三摩地經》中，宗大師說那裡邊有很多，因為文字怕過於繁多，就沒有詳盡地寫出來。關於《現在諸佛現住三摩地經》的經文，漢譯本有幾個不同的譯本，其中之一就是隋朝的闍那崛多所譯的《大方等大集經賢護分》，我可以唸一段給你們聽一聽，真的很美！09'22"

若有菩薩具足成就此三昧者，即獲如前諸功德事，亦得其餘殊異功德，所謂心念諸佛皆現在前，其心不亂、不捨作業。求勝上智勇猛精勤，荷負重擔度脫眾生。承事、供給諸善知識，常修空寂廣大思惟。親善知識、滅除諸蓋，遠離惡友、息世語言、塞諸根門。初、中、後夜減損睡眠，不貪衣服、食飲、湯藥、堂房、屋宇、床座、眾具，恒樂空閒，住阿蘭若。不愛己身、不重我命，不著形色、不縱其心，修以慈心、薰以悲行、一切時喜、常行捨心。破壞煩惱，成就諸禪，於中思惟不著滋味。觀察色想唯得空心，不亂正念、不取諸陰、不著諸入、不思諸界、不貪生處。調伏慢高，不妬他財，為諸世間多作饒益。於諸眾生起平等心、又於眾生生父母想、亦於眾生所作一子心。一切法中無有諍想，雖念持戒而不執著，常在禪定亦無躭染。好樂多聞，不起分別，戒聚不缺、定聚不動、智聚不妄。諸法無疑，不背諸佛、不謗正法、不壞眾僧、不好乖離。親近眾聖、遠離愚癡。11'25"

　　我先讀到這個部分，大家可以去看原來的經典，我們廣論班的同學其實可以一起誦一下。在這裡邊還是讚美了大家所期待的功德，比如前面說：「**心念諸佛皆現在前**」，跟前面講的晝夜都能夠見到依怙，這是我們所有的修行人最想要見到的。我們的心不會混亂，一直精進地念，所以是「**勇猛精勤**」。這裡邊還有一個大乘發心的問題——「**荷負重擔度脫眾生**」，所以他是以大乘的意樂來念佛這樣一個精進的修行。12'16"

　　而且這裡邊有承事、供給諸大善知識、親近善知識、遠離惡友，他也對於衣服、飲食、湯藥，屋子、床座、眾具都不貪著。他就願意做什麼？就是「**恒樂空閑，住阿蘭若**」。然後「**不愛己身**」，那麼愛什麼呀？應該是愛佛身對吧？是心念專心地緣著佛身修歡喜心、修信心。所以我們修定的時候如果緣著佛像來修的話，是非常歡喜的、非常美的！真的是很令我們期待吧！大家好好地努力！ 13'10"

講次0055
緣著什麼樣的佛像來修定

　　大家好！很高興又到了我們一起學習《廣論》的時間了。00'21"

　　上一講我們學到緣著佛像修定，大家還記得嗎？就是對於佛身執持內心，隨念佛陀，能引生無邊的福德。如果佛身的形相清晰而且堅固的話，就可以緣取為禮拜、供養、發願等等積集資糧的福田。還有什麼？還有懺悔、防護這些淨化罪障的福田；可以作為淨罪、集資的福田，所以是極其殊勝的。緣著佛像修奢摩他不只是幫助我們成辦奢摩他而已，還有很多其他的目的，所以是具有著殊勝功德的所緣。01'24"

《廣論》段落

奢摩他校訂本：P53-L8 ～ P54-L5 當以何等……令相明顯。

福智第三版：P357-L5 ～ P357-L10 當以何等……令相明顯。

今天我們要繼續往下學。請大家翻開《廣論》357頁第5行，看原文。有找到吧？01'38"

當以何等如來之像為所緣依處耶？ 01'45"

這是一個問題：緣著佛像修定的話，既然這麼殊勝，那麼要以什麼樣的佛像作為所緣依處呢？大家有這樣的問題吧！那看一看宗大師是怎麼回答我們的，看原文：02'06"

答：如《修次下篇》云：「諸瑜伽師，先當如自所見、所聞如來形像安住其心，修奢摩他。由常作意如來身像黃如純金色，相好莊嚴，處眾會中，種種方便利益有情。故於佛德發生希欲，息滅沈沒、掉舉等失，乃至明見如住面前，應於爾時勤修靜慮。」 02'50"

問道：緣著佛像這麼殊勝的話，要緣著什麼樣的佛像來修定呢？大師就回答我們說——哪本書啊？《修次下篇》——就如同《修次下篇》中所說：瑜伽師首先應當內心安住於所見、所聞的如來身像而修持奢摩他。持續地作意如來身像有如純金的色澤一樣，是亮黃色，對吧！相好莊嚴，處在眷屬眾中，以種種方便利樂眾生，由此而對於佛陀的功德發起希求欲得的心，而且同時還要做什麼？止息沉沒與掉舉等等。只要還能夠如同在眼前安坐一般地清晰見到的時候，都要持續地修持靜慮。這就是《修次下篇》中宣說的修法。有聽清楚吧？那我們再往下看，「《三摩地王經》亦云」，有找到行嗎？04'17"

《三摩地王經》亦云：「由如金色身，妙嚴世間怙，心趣此所緣，名菩薩等引。」如此所說而為所緣依處。此復有二，謂由覺新起及於原有令重光顯，後於生信尤勝，又順共乘，故於原有令相明顯。04'56"

那麼這一段是在講什麼呢？就是引了《三摩地王經》的依據，在《三摩地王經》中也說：「以如純金色的身軀，極盡嚴飾世間的怙主，誰的心能趣入這個所緣，就稱這位菩薩進入等引。」如同《三摩地王經》所說的，要以這樣的身像作為所緣依處。05'29"

另外，其中也有兩種所緣：第一種是內心新發起的所緣，第二種是明現原有的所緣兩種。第二種「明現原有的所緣」是什麼呢？月格西解釋說，「明現原有的所緣」就是指：重新在心中明現過去曾經觀修過的行相。這個後者，對於生起信心來說是比較殊勝的，並且也與共通乘的階段是相符順的，所以應當採用明現原有的行相。共通乘是什麼？就是顯乘。因為顯密是共通的，所以稱之為共乘。06'27"

那麼第一種「內心新發起的所緣」是什麼呢？善知識說：內心新發起的所緣，其實就像修密法的時候，觀修先生起誓言尊——自生本尊的時候，就按照儀軌上所說的而觀想自生本尊，這就是誓言尊。觀想完誓言尊之後，再迎請智慧尊融入——智慧尊就是指我們迎來的真實的本尊，迎請本尊到我們面前的虛空，然後再觀想融入自己已經觀想自生的誓言尊當中，融為無二，沒有差別。這就是第一種。07'22"

剛才解釋了一下，第二種就是「明現原有的所緣」，我們在修奢摩他的時候要緣的佛像是以哪個為主？是以後者為主。也就是不需要刻意地去觀想迎請資糧田，而是以現有的所緣為主，也就是觀想之前觀想過的佛像為主。07'54"

在觀想佛像的時候，有人就有問題說：那到底要觀多大的呢？有的善知識說大小最好像自己的手掌的長度大小，有的人說觀想在自己的額頭、眉的前方，還有遠近適中的地方。而「遠近適中」就是高度也要適中，太高容易散亂、太低可能容易昏沉，自己要經過在實修的時候去找這個狀態。這個時候可以觀想佛像放光，而且光越亮越好，要非常非常地透徹。我們學到後面就會知道，沉沒是修定的最大障礙之一。觀想佛像放光有什麼好處啊？佛像放大光明，有去除沉沒的作用。08'58"

奢摩他的另一種障礙是什麼呀？是掉舉。那麼掉舉的時候，我們觀想佛像要怎麼做呢？善知識也說：要觀想佛像有重量，而且越重越好。那這麼觀想真的可以去除掉舉嗎？可以的！我們這樣做的時候，就同時可以對治掉舉，也有去除散亂的作用。09'33"

對佛陀而言，無論我們有沒有去觀想他，大家想一想：佛陀都安住在十方嗎？對！佛陀都有安住在十方，並且具有著究竟圓滿的功德，因為他已經修成佛了，而且時時刻刻都眷顧著我們，有清淨圓滿的大悲心。所以就算我們沒有去觀想佛陀，諸佛也安住在十方；那麼我們有去觀想，佛陀有沒有安住啊？也是安住十方。佛陀不會因為我們觀想了之後才存在，我們不觀想的當下他好像就消失、就不存在，不是這樣的。即使我們觀想、沒有觀想的時候，佛陀也是安住在十方，或者我們的前方，或者我們的四周，你也不能確定我們的四周就沒有佛陀安住吧？所以如果我們能夠了解「**佛身充遍於法界**」的道理，大家會不會對於我們觀修的佛陀生起信心呢？我們自己對佛陀就能夠生起信心。10'59"

　　這裡邊要再抉擇一點就是：在密法裡邊有一些觀想是境界本身不存在，但是刻意去把它觀想為是存在的這種觀想方式，比如說將自己觀想為本尊──自現本尊，但實際上自己是本尊嗎？不是本尊。但是在顯教當中，絕大部分的情況，都是觀想與境界的這個現狀是相符合的，也就是境本身就是如此，是以相順的方式來觀想。11'36"

　　我們觀想的佛像主要是緣取，注意！主要是緣取佛像的影像，或者佛像的義共相。大家會不會覺得：欸，這是我自己想像出來的，他根本不是一尊真的佛陀。那大家想一想：「**佛身充遍於法界**」怎麼理解呢？我所觀想的佛像，佛陀會不會進入我所觀想的佛像來加持我們呢？如果我對這樣的佛像修信心，持續地修持的話，請問我的信心會增長嗎？一定會的！當我越來越具備信心，越來越虔誠、至心懇切、堅持不懈地修習，會不會得到佛陀的加持？一定會得到佛陀的加持！ 12'36"

　　好！今天就上到這裡，謝謝大家！ 12'40"

講次0056
觀想佛像為所緣的要點（一）

　　大家好！很高興又到了我們一起學習《廣論》的時間了，今天我們要繼續往下學，請大家把《廣論》翻到357頁倒數第3行。準備好了吧？請跟我一起看原文。00'37"

> 先求持心所緣處時，先當求一畫像或鑄像等極其善妙大師之像，數數觀視執取其相，現為心境而令熟習；或由尊長善為曉喻，思所聞義，令現意中，求為所緣依處。又所緣處非是現為畫鑄等相，要學現為真佛形相。01'19"

　　觀修佛像的時候要做什麼準備呢？事先要尋求執持內心之處的所緣依處的這個時候，就是你修定要緣所緣的時

《廣論》段落
奢摩他校訂本：P54-L6 ～ P55-L10 先求持心……為煩惱擾。」
福智第三版：P357-LL3 ～ P358-L7 先求持心……為煩惱擾。」

候——緣佛像，要尋找極為善妙的導師世尊的畫像或者鑄像，比如銅鑄的或者金子的等等。找到之後要做什麼呢？注意！反覆觀看，反覆觀看，看了之後要記住形相。反覆觀看，看了之後要記住形相，然後在心境中現起：啊！就這樣。現起，而且還是要反覆串習。這是一種。或者聆聽師長善為介紹，思惟師長開示的內涵，然後在心境中現起，要尋求這樣的所緣依處。02'29"

我們在觀修的時候，所緣依處不應該呈現為與畫像或者鑄像相等的那個形相，要學習把它現起為真正的佛陀的形相。大家覺得難不難啊？一步一步練就不會難。這個裡邊最重要的就是要仔細觀察，觀察之後把它記住，然後現起來，要常常串習。好！再接著看，往下看。03'10"

有說置像於前瞠視而修，智軍論師破之甚善，以三摩地非於根識而修，要於意識而修。故三摩地親所緣境，即是意識直接境，須於意境攝持心故；及如前說，謂須緣於所現實所緣境義共相或影像故。03'52"

　　這一段是接下來宗大師列舉了一種修法，對不對？有人就把佛像放在前面，然後開始睜大眼睛修定。把身像放在面前睜眼注視而修定，這種修法對不對呢？這種修法被智軍論師所破斥。破斥了之後，宗大師就說：智軍論師破斥是極為善妙的。就是說：「破得好！」為什麼呢？因為三摩地不是這樣修的，三摩地不是在根識中修持；換句話說，不是用眼識等根識來修定。那是用什麼修定呢？而是在意識中修定。因此三摩地的直接所緣是意識的直接境，必須在意識的直接境之上執持內心。而且如同前面所說的，提到必須緣著所現起的真正對境的義共相或者影像的緣故。05'12"

　　在這裡邊就要討論，有的人就說：「唉呀，我非常非常地散亂哪！我很難專注。」那麼就算是極度散亂的人也要這樣緣取：開始要準備，我們開始的準備階段是要用眼睛看著佛像的，就是一直觀察、一直觀察，對選取的佛像要熟悉；熟悉久了之後就記住了，記住了之後數數串習，就能夠現起這個影像、現起義共相，所以就可以用意識修了。就是你看了之後、記住了之後，能夠憶念起來，就不能自始至終都用眼睛看著佛像這樣修定。這是不可以的！這是被智軍論師破斥的，也是宗大師不許的，對不對？這就是前面宗大師說的：「**先當求一畫像或鑄像等極其善妙大師之像，數數觀視執取其相，現為心境而令熟習；或由尊長善為曉喻，思所聞義，令現意中，求為所緣依處。**」06'33"

那我們接著往下看，看原文：06'40"

身分亦有粗細二分，於餘處說，須先緣取粗分，待彼堅固次緣細分，且體驗中，亦極易現粗分，故應先從粗像為所緣處。07'04"

我們在觀想佛像的時候，身像的各個部分它被分為粗、細兩個部分，說其他的地方也有提到。這裡邊的「**餘處**」，月格西解釋說：此處是依照顯教的論典來解釋的，所以「餘處」實際上是指密法。在密法中提到，最初必須是緣著粗顯的部分，等到緣著粗顯的部分堅固之後，就再緣取細分。而且經驗當中也是粗顯的部分比較容易現起，所以必須從身像的粗略的這個部分開始作為所緣依處。這一段有沒有聽清楚？就是觀佛像的時候，我們不能先觀一個小的、很精緻的那個點，要觀一個粗略的這樣的為所緣依處。08'07"

接著再往下看，下面會繼續講。「**尤為要者**」，有沒有找到行？08'18"

尤為要者，謂如下說乃至未得如欲定時，一切種中不可多遷異類所緣修三摩地。以若更換眾多異類所緣修三摩地，反成修止重大障礙。故於修定堪資定量之《瑜伽師地論》及三篇《修次》等，皆就初修定時唯依一所緣而說修習，未說遷變眾多所緣。 08'56"

那麼這一段是在講什麼？說在我們修定的時候，這是講到了很多人的毛病啊！在修定的時候尤其重要的一點，就是如同下面所說的：在還沒有修成想要的定之前，注意！任何情況下，任何情況下都不可以更換眾多不同類的所緣而修三摩地。就是「啊！這個觀不起來再換一個，那個觀不起來再換一個。」這不允許的！不可以更換眾多不同類的所緣修三摩地。09'37"

為什麼要這樣呢？為什麼還沒有得定之前，不能更換眾多不同類的所緣呢？因為如果更換眾多不同類的所緣而修三摩地的話，會成為修成寂止的重大障礙。因此《瑜伽師地論》還有《修次》三篇等，這些堪為定量、足以作為標準的修定的教典，都是基於最初修定的時候，只限定一個所緣的前提下而闡述修定的，沒有說允許換、可以更換眾多所緣。這點對我們修定的人是非常非常重要的！10'34"

這點大家可以觀察一下，自己在用功的時候，比如說我們就會發現：欸，我最開始選的是要緣觀世音菩薩，就選一尊觀世音的菩薩像開始修。修一段時間又覺得：欸，那尊釋迦佛像好莊嚴喔！我要開始觀修釋迦佛。過一段時間又覺得：欸，文殊菩薩，哇！我太有信心了！所以又變成文殊菩薩。這是不允許的！在沒有修定之前，不能換這麼多所緣。11'15"

這就要求我們，當開始修定之前，我們的準備要非常地慎重，就是你緣取什麼樣一個佛像，選定了之後就不能換——到你修成定前不能換！這一點有清淨的教典依據，是要照著修才能夠得定；否則隨著自己的喜好，或者「啊，今天又喜歡這個、明天又喜歡那個！」隨著自己這樣的心的話，會成為修定的極大障礙。11'50"

有聽清吧？會不會有點為難到我們呢？即使有點難處，也要依著教典的指示來修，這樣才能修定成功。對不對？好！我們接著再學一段。請看原文：12'17"

聖勇論師於修靜慮時亦明顯云：「專固一所緣，堅穩其意志，若轉多所緣，意為煩惱擾。」12'30"

聖勇論師熟悉吧？是我們很熟悉的一位祖師，也就是馬鳴菩薩。馬鳴菩薩的另一個尊稱就是聖勇，那麼為什麼會有「聖勇」這個尊稱呢？據說是因為出生的時候有種種瑞相，所以被尊稱為聖勇。小時候又聰慧明利，一切明處過目不忘，而且還過目通曉，所以又被稱為「慧光」。不僅僅聰慧明利，而且讀誦的聲音也極為悅耳，所以還有一個名字是「馬鳴」。這個好像還有另一種說法，以後大家再學。因為他非常地恭敬承事父母，所以又稱為「敬父」、「敬母」，尊敬的敬。聖勇論師他在修持靜慮的章節中也明確地說過：「以穩固於一個所緣的方式令心意堅固；如果輾轉歷經眾多的所緣的話，會導致內心為煩惱所擾亂。」13'40"

觀察一下我們在修定之前的習慣，心常常散亂於各種所緣，不會在一個所緣上定很久，趕快就換了，所以不能始終如一地堅定其心。而修定就是要把這樣一顆心，注意！定在一個善所緣上。所以這對我們原來的習慣來說，是一個逆向操作，對不對？也是要建立一個新習慣。14'17"

建立一個新習慣就要幾經挫折、幾經磨礪、幾經輾轉，或是說內心的一會兒高低啊，這樣一個用功的過程。

所以在這種過程中一定要堅持，不能心情不好就換了，或者就不修了，一定要堅持，不能一曝十寒，要忠誠於自己確定的目標。尤其是緣著佛像，如果能夠堅持下來的話，大家想一想，絕對是此生一大幸事吧！不僅僅是關乎到此生，還有未來啊！ 14'57"

所以聖勇論師告訴我們：修定的時候必須要專一所緣，不能隨意地更換所緣──觀修一下，觀修不起來，然後就再換一個，其實一定不能這樣的。再說一遍：這就要求我們在抉擇修定的所緣的時候要非常地殷重──選好了，就是這尊佛像了！是觀世音菩薩，還是釋迦佛，還是文殊菩薩，還是度母，確定好，然後專一堅持下去！在沒有修成定之前，不可以隨便地更換，這一點尤其地重要！大家聽清楚了嗎？要記住！一定要記住！ 15'42"

好！今天就上到這裡，下次見。 15'48"

講次0057
觀想佛像為所緣的要點（二）

　　大家好！很高興又到了我們一起學《廣論》的時間了。00'22"

　　之前我們學到，以顯密而言，「原有令重光顯」的這個方式都是很容易觀修的，所以要先找一尊導師世尊的像，塑像啊、畫像啊，甚至是刺繡都可以的；還有一種，可以透過善知識為我們解說。那麼在真正觀想的時候，應該觀想是真正的佛，不能認為只是在看一個佛的畫像而已，或者看一個塑像而已。那很顯然佛的畫像就不是佛。01'13"

　　我曾經被問到一個問題說：觀想佛像的時候是要觀想

《廣論》段落
奢摩他校訂本：P55-L10 ～ P56-L7　《道炬論》亦云……於彼持心。
福智第三版：P358-L7 ～ P358-LL2　《道炬論》亦云……於彼持心。

平面的呢？還是要觀想立體的？我就跟他講，比如說那你看一個人，正面看過去的時候，你說是平面的還是立體的？你不會這樣去分別，你只覺得你看到了這個人。所以，我們在真正觀想的時候，應該觀想是真正的佛，不能認為是在觀佛的畫像、只是一個平面，不能這樣想。01'49"

有人說：「觀修佛像的時候，眼睛要一直看著佛像來修定。」大家認為這樣是正確的修法嗎？那有什麼依據？還記得宗大師引用了哪一位論師的說法？智軍論師的說法，來破斥了這個修法對吧？這種說法。那麼再問大家：請問修定是靠眼識的力量，還是靠意識的力量呢？你們會答對吧？修定不是靠眼識的力量，而是靠意識的力量。所以這就要求我們在修定之前，要仔細地觀察我們所選定的佛像，反覆地串習，然後正修的時候就不必要一直用眼睛看著佛像。02'48"

這裡邊還有很重要的一點，善知識也反覆地提醒我們說：先決定所緣境。就是指在開始修習奢摩他之前，自己一定要先決定心的所緣境。無論是選擇數息還是選擇佛像，一旦選定了之後就要緣某一個所緣境——我們這裡邊就大多數都講了要緣佛像——選了之後就不要再隨便地更改。像有的人說：啊！今天觀修佛像，明天又改成數息，後天又覺得可能修習無常比較好，然後後來又覺得修菩提心啊，甚至是觀修無我……，這樣不停地折騰、不停地更換所緣。這樣的話是沒有辦法成辦奢摩他的，而且會怎樣？會成為修習奢摩他的最大的障礙，這點一定要切記！03'56"

如果已經成就奢摩他，獲得了身心輕安，那個時候我們的心就自由了，可以去緣其他的善所緣境。「還沒有獲得奢摩他之前，就只能修一個所緣；然後在獲得奢摩他之後，可以修任何的所緣」，大家可以看到宗大師用了這麼多的大經大論，就是要讓我們了解到：我們所聞思的和所修的是不能分開的，修行的原則，或者修行的次第、軌則，一定要從佛菩薩的大經大論裡邊去尋找依據，對於所修行的內涵，沒有比經論裡所詮釋的內容更為殊勝的了！你們認為呢？04'48"

好！那接下來看看《廣論》上，對於只能修一個所緣又是怎麼講呢？請大家翻開《廣論》358頁第7行，看原文。有找到吧？好！05'14"

《道炬論》亦云：「隨於一所緣，令意住善境。」是以「於一」之指定詞而說。 05'27"

《道炬論》也說：「對於任何一個所緣，內心安住於善法。」《道炬論》的這段文中出現了「一」字，這個「一」字有什麼作用呢？宗大師解釋說這個「一」字是指定詞，就是指專有所指的名詞，不是泛指任何事物。在這裡邊「專一」，它指「單一所緣」，換句話說，是指某一個特定的所緣。06'00"

對於專一所緣這件事，不知道你們會不會心生畏懼？還是心生嚮往？有的人會不會覺得：哇！從此我的心上座就只能緣一個所緣，所知的境界這麼多，只能緣一個所緣嗎？永遠只能緣一個所緣嗎？06'22"

　　《掌中解脫》中也說過：「修的時候應該安住於單一所緣，如果改換所緣就不得成就。就像鑽木取火一樣，摩擦那個燧木，如果拿一個燧木磨一磨就丟掉，然後再拿一個再磨、再拿一個再磨，一再地更換這個燧木是永遠無法點起火來的。不僅如此，修奢摩他的時候，除了飲食、睡眠，還有洗浴、去洗手間之外，其餘的時間都要用來修持。它就像鑽木取火就是不停地摩擦這個燧木，應當持續不斷地勤修一年啊、一年半啊等等往上去。如果單修一個所緣，然後心就生厭倦了，就要更換另一個所緣；或者修一天、修兩天，然後就要休息一天、休息一陣子，這種用功方式終究是無法修成奢摩他的。」07'31"

　　我們再往下看下面一段。07'37"

　　故先應緣一所緣境，待得止已後乃緣多。《修次初篇》云：「若時已能攝其作意，爾時乃能廣緣蘊、界等差別。如《解深密》等，亦由瑜伽師緣十八空等差別，說多所緣之相。」08'07"

　　說因此最初要緣著一個所緣而獲得寂止，獲得寂止之後，才能緣著很多的所緣。因為《修次初篇》中說：「何時能夠攝持作意，也就是獲得寂止之後，唯有到了那個時候才能廣泛地緣取蘊、界等等別相。這在《解深密經》當中，也從瑜伽師緣著十八空等別相，而開示了眾多所緣的行相。」08'44"

　　所以大家不用太緊張，因為這個專一所緣的約束性只是在沒有得到止之前。也就是修止的時候必須要仰賴於專一所緣，如果沒有專一所緣的話，我們不可能獲得寂止的。沒有寂止，即使我們的心去緣眾多的善所緣，其實內心也會沒有力量。最重要的是，沒有寂止的力量的話，我們用什麼樣的力度去結果掉無明的根本呢？所以如果不修寂止，我們的心是不夠力度的。09'25"

　　好！我們現在在鎖定專一所緣，接下來呢？我們再看，看書。09'35"

　　如是初得持心所緣依處之量，謂先數返次第明了攀

> 緣一頭、二臂，身體餘分及二足相。於末作意身總
> 體時，心中若能現起半分粗大支分，縱無明晰具光
> 明等亦當即以爾許為足，於彼持心。10'13"

這段是在說什麼呢？最初獲得攝持內心的所緣依處的量是什麼呢？是按照，注意那兩個字——「**次第**」，按照次第，對於頭部、雙手、其他身體的輪廓以及雙足，少數幾次能夠明現；然後最終就作意身體的總相。有沒有發現它是有次第的？如果在這個時候，從一點點觀、觀，最後可以緣到總相，那麼最終作意身體的總相的時候，如果在心境中能夠現起半數粗略的身體部分，即使是包含著光明在內的身形並不清晰，這時候也必須知足，對此攝持內心。11'13"

如月格西解釋說這裡的「**光明**」是指什麼呢？是指「佛菩薩背後的光環」。這句話的意思是，縱使包含背光在內的佛像不明晰，也必須知足，然後我們要對此攝持內心啊！比如說佛陀身相中的指甲、毫毛等等這樣的細節，都包含在這裡所說的這個「等」字之中。11'41"

　　所以在這裡大師教誡我們說，如果在心境中能夠現起半數粗略的身體部分，即使是包含光明在內的身形都並不清晰，這個時候應該生什麼？滿足啊！必須知足，而且要對此攝持內心。這個時候是不應該不滿足，如果不滿足，我們會做什麼呢？我們就會一直想要：「再觀清晰一些吧！再觀清晰一些吧！」不要這樣！要對這樣的狀況生滿足想，不要一直追求所緣境更清晰顯現，應該要知足，對於這樣的所緣境攝持內心來修定。12'33"

　　今天就講到這兒，下週見！ 12'39"

講次0058
觀想佛像為所緣的要點（三）

大家好！很高興又到了我們一起學習《廣論》的時間了，你們準備好了嗎？今天我們要繼續往下學，請大家翻開《廣論》358頁倒數第2行，請大家跟我一起看原文。00'34"

> 此中因相，若不以此為足而持其心，更求顯了數令明現，所緣雖可略為顯了，然非僅不得心安住分之三摩地，且障得定；又若所緣雖不明顯，然於半分所緣持心，亦能速得妙三摩地，其後明顯既轉增進，則易成就明了分故。此出智軍論師教授，現見極為重要。01'21"

《廣論》段落

奢摩他校訂本：P56-L8 ～ P57-L2 此中因相……極為重要。

福智第三版：P358-L12 ～ P359-L2 此中道理……極為重要。

237

　　為什麼要這麼做呢？如果不滿足於此而攝持內心，想要更進一步顯現得更加清晰，為了顯現得更加清晰而反覆、反覆地明現。當我們這麼做了之後，雖然那個所緣境也許能夠稍微變清晰，但是，不僅無法獲得內心住分的三摩地，反而會成為獲得寂止的障礙；即使所緣還沒有非常清晰，但是針對半分所緣而執持內心，就能迅速地獲得三摩地，獲得三摩地之後接著就會越來越清晰，所以能容易地修成清晰的部分。這是出自於智軍論師的教授，宗大師強調說：「**現見極為重要。**」所以宗大師認為，智軍論師的這段修定的教授是非常非常重要的！ 02'33"

　　善知識也教誡我們說：我們觀修佛像要以總相來觀修，並不一定一開始要觀想得很細微，如果觀想得太細微的話，反而可能會產生障礙。所以一開始的時候，要用眼睛開始去看，去反覆地看；但是在正修奢摩他的時候，是用意識去緣取的。如果是初學者的話，可能意識現起的時候不是很明顯，或者一會兒就忘記怎麼樣，這個時候同時用眼睛和意識一起去緣取也是可以的，沒有過失。因為初學的人怎麼樣？散亂啊！隨著掉舉而看不清楚所緣境。所以一開始好好地看、仔細地看是非常非常重要的。看完了之後要把它記住，對吧？然後明現。用意識緣取的時候，就專注，注意！專注在一個總相上。03'38"

這個時候我們要管好我們的心，不要一直去執著細微的部分。如果太注重細節的話，把注意力都放在，比如說：佛像手印啊、腳的位置啊、身體的姿態、衣服的顏色，甚至瓔珞，甚至一朵花、法器，一直要把這些細節都弄得特別清晰的話、觀想特別細微的話，那內心就無法定在一個所緣境上。04'09"

雖然沒有把佛像的細節觀想清楚，但是如果是一直心緣著這個佛像的總相，緣著一個境的緣故，就能夠迅速地，注意！快速地、迅速地獲得奢摩他。04'33"

能夠快點兒得定是我們所有修定的人的最大願望，此處已經交代了能夠迅速地得定的辦法，宗大師引用智軍論師的教授，來教導我們如何觀修才能快速地得到奢摩他，這點非常重要！04'57"

大師的這個教授是非常重要的！ 05'02"

大家可以自己觀察一下，會不會發現其實不注意是非常容易犯的？ 05'08"

想一想，因為我們在觀想的佛像剛剛有一點清晰的時候，其實我們的內心會隱隱地有一些興奮和歡喜，難以抑制地想要看得更清楚一些、觀想得更清楚，所以這個時候就會把所有的力量都放在清晰、想要觀察得更清楚這件事上。05'32"

而在這個時候我們應該提起的正念——就是經典上和善知識的口訣是什麼？就是對這個半分清晰的總體的佛像要生滿—足—想，並且以這樣有一點輪廓的佛像開始修奢摩他，就可以得定。05'55"

注意！並不是所緣的佛像越來越清晰那才是修定，而是要將心安住在半分清晰的這個所緣境，也就是佛像上修定，這種修定的方法才可以得定。在我們還沒有得到奢摩他的時候，如果數數地努力讓所觀的這個影像、所觀的這個佛像越變越清晰的話，這會擾亂，這是一個岔路口，通向擾亂。06'35"

即使所緣還沒有非常清晰，注意！正確的就是——即使所緣還沒有非常清晰，但是針對半分所緣而執持內心，就能夠迅速地獲得三摩地，這種修法通向迅速地得定。06'53"

所以沒有清淨的善知識的傳承教授，修行者在這裡，大家想一想會發生什麼事？可能會產生留難吧？就是浪費太多光陰啊！走上了錯誤的修定的方式，這是非常容易發生的。所以大師在此反覆地強調這一點的重要性，希望大家一定要放在心上，這是用功的最佳指導，我們千萬要依教奉行！07'30"

其實控制自己想要把佛像越看越清楚是有點難度的，因為那種感覺就是想要把佛像越看越清楚，我們有這樣的一個希求吧！在那個時候，一下子清楚、又一下子沒那麼清楚的時候，怎麼辦呢？我們就接下去看，還是要沿著正確的方式。看文：「**若不以此為足而持其心，更求顯了數令明現**」，我們的心處在一個極不滿足的狀態，更去欲求佛像越來越清晰、越來越清楚，而且數數地——他不滿足，才一遍、一遍地努力——讓所觀修的善所緣更加清晰。形象嗎？就是我們一次又一次地努力，就好像我們調整我們的眼神的這個注意力，還想要越來越清晰，努力地看，一遍、一遍地努力。可是這個時候，這種努力會障礙得定！08'43"

再看原文，說：「**所緣雖可略為顯了，然非僅不得心安住分之三摩地，且障得定**」，所觀修的雖然會略為清晰一點，就是前面那個數數、數數地看，這個所觀修的雖然會略為清晰一點，但不僅得不到定，而且會障礙得定。那大家想想，障礙得定是什麼意思啊？就是我們的這種用功方式本身就是一種障礙，我們就在製造障礙，和自己的目標背道而馳。所以，很顯然一定要憶念善知識的教授，不能隨著自己的心想要怎麼修就怎麼修，我們一定要走在修止的正確的路上，要切記這一點！切記！09'46"

　　再往下看：「又若所緣雖不明顯，然於半分所緣持心，亦能速得妙三摩地，其後明顯既轉增進，則易成就明了分故。」那麼正確的方式，就是緣著半分等佛像來修定的話，即使所緣還沒有非常地清晰，但是針對半分所緣而執持內心，就能迅速地獲得三摩地。「其後明顯既轉增進」的「其」，就是指獲得了三摩地；「其後」就是獲得三摩地之後，所緣反而越來越清晰，能容易地修成清晰的部分。注意，「速得妙三摩地」的「速」字，快速！這個快速的方式是什麼呀？不是一遍一遍地、非常費力氣地讓所緣清晰，而是當我們得到了一個半分所緣、清晰半分的時候——所緣不是像我們希求的那樣清晰，是半分清晰的時候，對這樣的一個所觀修的佛像持心，注意！這種方式才能速得妙三摩地。11'19"

　　接下來精彩了！得到了妙三摩地，而且我們所要的清晰就更容易到達。大家有沒有注意到這裡邊有一個次第？先上手的話不要先求清晰，有個總體的佛像半分就可以了，對不對？先不是要求清晰，要求一個總體的。然後先對於半分的所緣持心，持心之後得到什麼？答：得到定！

得到定之後，它就又會更容易清晰。可是如果把這兩個次第倒過來，先求清晰再求定的話那就是障礙，就得不到定，對不對？一定會對得定產生障礙，所以大師說：**「現見極為重要」**！ 12'19"

在這一個部分我講得稍稍仔細了一點，就拜託大家也仔細地聽。因為我特別特別擔心我們在修定的時候又隨著自己的習慣，忘記了經典上的教授、忘記了宗大師的叮嚀，反而走在一個會生障礙的路上。所以就是拜託大家一定要聽仔細了，依大師的教誡來修行，依照清淨的傳承的教授來修定，這是非常非常重要的！ 12'58"

今天就到這裡，謝謝！ 13'02"

講次0059
觀想佛像為所緣的要點（四）

大家好！很高興又到了我們一起學習《廣論》的時間了。今天我們要繼續往下學，你們準備好了吧？請大家一起跟我翻開《廣論》359頁第3行。看原文：00'34"

> 所緣依處現顯之理，雖見二種四句之說，然因補特伽羅種性，而現行相有難有易，即已現中有明不明，此二復有堅不堅固，見有種種故無決定。01'00"

說現起所緣依處的方式，雖然見到有提出兩種四句型的論述，但是由於補特伽羅的種性會有現起行相困難還有容易的差別，還有即使現起也有清晰與不清晰兩種，這兩者當中還有堅固、不堅固種種不同的現象，所以並沒有決

《廣論》段落
奢摩他校訂本：P57-L2 ～ P58-L3 所緣依處……所緣依處。
福智第三版：P359-L3 ～ P359-L9 又所緣境……為所緣境。

定。01'28"

　　關於《廣論》的這段文，在妙音笑大師所寫的《廣略道次第問答‧摩尼鬘》中也有提到：關於《廣論》這段文的內涵，有些先輩大德說，補特伽羅對於所緣依處，有容易顯現並且容易明晰、難以顯現並且難以明晰、難以顯現但是容易明晰、容易顯現但是難以明晰的這個四句型。那麼在行相上，也有兩種形狀不定，還有兩種顏色不定等等。但這也是不決定的，因為即使行相上也有顯現的難易，其中又有明不明晰兩種，而其中還有堅不堅固兩種等等。現見有各種情況，所以並沒有固定只有上述的四句型。妙音笑大師提到，在宗喀巴大師其他短篇的著作中都有這樣的說法。02'30"

　　這一段是在講什麼？在修定的時候我們會碰到各種情況，隨著每個人的業力的差別、種性的差別，所以上述提到的狀況，我們在自己直接修定的時候就會遇到。02'54"

　　那麼接下來我們再往下看，看原文：02'58"

> 若修密咒天瑜伽時，天尊行相定須明顯，乃至未能明顯之時，須修多種明顯方便；此中天尊行相若極難現，可於前說隨一所緣而持其心，主要所為唯在成就寂止定故。03'29"

　　這一段是說，如果修習本尊瑜伽，也就是密咒本尊瑜伽，在修持生起次第的時候，那他的要求就變成一定要修成清晰的本尊行相，因此還沒有現起之前，就必須以多種方便，想盡各種辦法讓這個清晰的本尊行相能夠現起。這是在修本尊瑜伽生起次第的時候。但是在修定的時候就不是這樣，如果本尊的行相極難現起的話，可以對於前面所說的任何一個所緣執持其心。這是什麼意思啊？就是你如果觀佛像很難觀出來，那麼你是可以換一種所緣，因為我們的主要目標就是要修定，就是要修成寂止。04'28"

　　總攝一下，如果我們很難以佛像為所緣境來作觀修的話，就如同先前所說的，也可以緣取其他的任何所緣境來作觀修。因為觀修的目的是什麼？就是為了獲得奢摩他，所以也不是非得一定就要以佛像作為所緣境。如果有困難、極其困難的話，可以換一種所緣境，因為目的非常明顯，就是要修成寂止就可以了。04'59"

好！我們接著再往下看，看原文。05'05"

此若仍緣天身而修，相既不現然又持心，不能成辦所樂之義，故須行相現而持心。又隨所現持身總相，若身一分極其明現即持彼分，若彼轉晦仍持總相。若時欲修為黃而現為紅，顯色不定；或欲修坐而現為立，形色不定；或欲修一而現為二，數量不定；或欲修大而現極小，大小不定，則全不可隨逐彼等，唯應於前根本所緣為所緣依處。06'06"

我們看一看這段在說什麼。如果這個時候仍然緣著本尊的身像而修持，如果沒有現起本尊的行相卻仍然攝持內心，就無法達到想要的目的，也就是無法成就寂止了，所以必須現起行相，藉此執持內心。另外，要按照現起的程度而執持總體的身形，如果某些身相的一部分非常清晰地顯現，就可以執持那一部分，如果那一部分又變得不清晰，那個時候就再度執持總體。06'52"

月格西解釋說，這一段實際上指的是有些修定的人，因為業力、習性各種因緣的差別，雖然原本是要打算緣總體的這個佛像，但是對於局部，比如說對佛陀的眼睛很相應，可以做到很明晰，那就以佛陀的眼睛為所緣去修。這類的初修者上座的時候不久就會發現，他不是刻意的，這個就不算是更換所緣。反之，前面那段提到的，是對所緣沒有一處明晰的，哪兒都不清楚，如果緣總體的佛像的話，他也是非常地模糊，他過一會就想著是否要對所緣增加或者減少點什麼，甚至整個的都更換掉，所以他內心一直處在一種擾動不定，一直想要做點什麼，這種狀況下就沒法修止了。所以這類的初修者的出路，就是應該從半分這個清晰的所緣類開始慢慢修起，絕對不要東想西想、刻意去改變所緣。08'10"

總體就是，假如說我們觀修佛像的時候我們想要觀修總體，結果可能佛像的比如說眼睛或者臉龐特別清晰的時候，我們這時候注意力可以注意在臉龐，過一會兒臉龐又不清楚了然後我們再去緣總體。而不是過一會兒臉龐不清楚，我們就想要它越來越清晰、越來越清晰，然後就忘失了要緣那個半分清晰的佛像就可以修寂止的教誡。08'43"

接著，我們在緣佛像的時候，還會出現什麼呢？注意！該出現顏色了。譬如想要修持黃色的時候，我們觀出來的卻是紅色或者其他的顏色，這個就是顏色不固定。還有一種情況，就是我們修的本來是坐著、跏趺坐姿的一個佛陀的像，可是我們觀出來的是一個站姿的或者其他的姿勢，甚至是走著的。這是什麼呢？就是形態不固定。還有一種情況是什麼？我們想要修一尊釋迦佛，可是卻現起了兩尊，甚至多尊等等，這是數量不固定。有的人想要觀修一個巨大的佛像，可是它會現起極其微小的佛像等等，這是大小不固定。如果出現這種現象的話，絕對不可以放任隨逐，必須只以根本的那個所緣作為所緣依處。09'59"

這一段就是列舉了每個人的習慣或業力不同，他修定的時候會出現把原來觀修那個佛像變了的這種狀況。那變了的狀態下怎麼辦呢？絕對不可以隨逐你變化了的那個佛像，譬如顏色、形狀等等、大小這都不能隨著變化後的那個佛像去修，一定要緣著一開始我們確定的那個佛像。比如說我們要確定是一尊黃文殊的話，那他顏色就是黃的，他就是坐姿，還要是一尊，其他的都不能變。所以這裡邊嚴格要求，如果出現其他的變化，那我們不能隨逐，一定要只以根本的那個所緣作為所緣依處來攝心、來修定，這一點是非常、非常重要的！ 11'01"

有的人看到佛像變化的時候就隨著走了，還以為自己修成了，實際上這已經是沒有專注在所緣上了。所以我認為，這一段對我們大家的指導用功非常非常地實際！這是先輩的經驗、先輩修成寂止那些成就者的經驗，所以大家一定要好好地聽、好好地閱讀，把這個教誡記在心上。這樣的話，我們上座的時候遇到這種狀況，我們就知道該怎麼辦了。 11'38"

今天就講到這兒，不知道你們有沒有聽清楚？ 11'42"

下週見。 11'45"

廣論止觀初探

如何注心之理

講次0060
此處所修三摩地的二種殊勝

大家好！很高興又到了我們一起學習《廣論》的時間了，這一週大家過得還好嗎？準備好了嗎？我們要一起向下學了。00'27"

前面我們學完了「**明心住之事——所緣**」這個科判，今天我們要繼續往下學「**如何心注所緣之理**」。請大家翻開《廣論》359 頁倒數第 4 行，看科判，有找到吧？00'52"

> **第二、於彼所緣如何注心之理，分三：一、立無過規；二、破有過規；三、示座時量。今初：**01'07"

《廣論》段落

奢摩他校訂本：P58-L4 ～ P59-L1 第二、於彼所緣……故此不說。

福智第三版：P359-L10 ～ P360-L1 第二心於彼所緣……故此不說。

這個第二科就是內心如何投注於所緣的方法，分為三個科判：第一個是安立沒有過失的作法；第二是破除有過失的作法；第三、說明上座修定的時間長短的這個標準。我們看第一科，看原文：01'33"

> 此中所修妙三摩地具二殊勝，一、令心極明具明分力，二、專住所緣無有分別具安住分。有於此上加樂為三，餘有加澄共為四者。01'58"

此處所要修持的三摩地具足了兩種殊勝，是哪兩種殊勝呢？第一是具足內心極為明晰的明晰部分的力量，第二是具足專一安住於所緣的無分別安住的部分，也就是「明分力」與「住分」。在此之上有人加上了「安樂」，成為三種殊勝，還有人再添上了「澄明」，就成為四種殊勝。02'29"

此處提到的這個三摩地，也就是奢摩他，說要具足兩種特點。還記得吧？一個是「具力明分」，「明分」就是指心能清楚地呈現所緣境；「具力」，是強調心在面對所緣境的時候，它具有一種力量來執持這個所緣境。就像我們要舉一個東西的時候，為了將這個東西舉起來，手會牢牢地抓緊，它有一個力量在。03'12"

第二個特點就是「住分」，你看那個字，停住的「住」，住分。就是一心專注於同一個所緣境，注意！不能作過多的觀察。比如說當我們以佛身為所緣境的時候，不要說你上座觀想佛像的時候心裡想吃飯、走路，想這些讓心散亂的各種雜事了；不要說這種事不能緣，就連慈悲、出離心，還有很多善法、暇滿都不能思惟，就是應該設法專注地在自己設定的所緣上，讓我們的心能夠緊繫所緣。04'07"

接下來，宗大師說——看原文，找到行了嗎？04'17"

> 然澄淨者初殊勝攝，不須別說；具適悅相喜樂之受，是此所修定果，然非初靜慮近分攝定相應中所能生起；說為成辦三乘功德最勝依處第四靜慮三摩地中，皆無身樂心樂相應而起，故此不說。04'50"

剛才提到有人會加上「澄明」，成為四種殊勝，然而澄明已經包含在第一種殊勝當中，也就是包含在明分力當中；如果具足明分力的話，就一定具足澄明，所以是不需要另外提出澄明這個殊勝的。05'12"

還有一個是具有舒適感受行相的這個喜樂，雖然此處所修持這個定的果當中，會出現一種具有著舒適感受行相的喜樂，但是這種喜樂不會與第一靜慮近分定所含攝的定相應而生起。在第一靜慮近分定當中不會出現這樣的喜樂，不會與這樣的喜樂相應；而且在修持三乘功德的所依當中，被稱為最殊勝的第四靜慮定，也不會與任何身安樂以及心安樂相應而生起，所以在此沒有列出這個殊勝。06'04"

換句話說，第四靜慮是成辦三乘功德所依當中最為殊勝的所依，但是第四靜慮不會與這樣的喜樂相應，為什麼呢？因為在第四靜慮當中，不會與任何的身安樂以及心安樂相應。那麼第一靜慮近分定不會與這樣的喜樂相應，第四靜慮也不會有這樣的喜樂相應，所以就沒有特別列出喜樂這個殊勝了。為什麼？因為它不周遍，對吧？ 06'43"

再說一遍，就是所修奢摩他必須具足哪兩個？明顯分及安住分。那麼什麼是明顯分呢？不只是心把境看得很清楚，而且要把境怎麼樣？要抓得緊緊的，整個人非常地振作、非常地有精神。有人在明顯分和安住分上面又多加了什麼？第三個「樂」，及第四個「澄明」，變成奢摩他必須具有四種功德。那麼到底什麼才是奢摩他所必須的呢？宗大師教誡我們說：澄淨分已經被明顯分所攝了，不需再加入；樂是定所生的果，不是一切定必須具有的。07'38"

在入根本定的時候，要以三界何地所攝的心緣空性最合適呢？對於初修業者來說，有沒有可能是欲界心啊？是不可能的。為什麼？欲界心太粗糙了。那往上去，以非想非非想天的心行不行呢？那很高。也不行！為什麼？因為太細微了，不明顯。那是不是所有的人都不能用這兩個心呢？不是的！到了修道位的菩薩的階段，就可以用欲界心還有非想非非想天的心來緣空性，修道位的菩薩就可以了。08'33"

　　如果是用密法的方式修行的話，也不會有這兩個問題。因為即使是心處於非常微細的狀態，因由大樂的緣故，使心非常地明顯，這與非想非非想天的心是不同的。像無色界諸天的禪定，都是止力勝過慧力，因為心不明現，所以適不適合修空性呢？不適合。色界第三靜慮以下的禪定都是什麼？慧力勝過止力。只有色界第四靜慮，是止力和慧力剛好平均的，所以以此修空性是最好的。色界第四靜慮相應的受中，沒有說到樂受，所以「樂」不是妙三摩地所必須具有的。09'28"

　　那麼我們可以再探討一下何謂「澄淨」？首先這裡邊的澄淨，可以從心和境的兩種層面來探討。這個在《略論》中有講，當心完全安住在所緣境時，心的狀態就是極為澄淨。這個大家可以想像，完全沒有雲的那種日光——有善知識這樣譬喻——照射在裝滿清水的玻璃杯中的那個樣子，大家可以想像一下，這個澄比那個還要清澈。這是「心的澄淨」。此外，當下所緣境的影像也會比往常更加清晰，即使相當微細的部分也能看得十分地透澈，這是「境的澄淨」。但以上兩種境界，都必須先斷除細分的沉

沒，經過具力的明分才能成辦，所以它的內涵已被含攝在
「具力明分」當中了，也是不需要在這之外再加上「澄
淨」這一點。10'47"

那至於「安樂」，就像前面講過的，具有舒適行相的
這種喜樂的感受，在此就是指身和心兩種的喜樂。雖然這
也是修學三摩地的果，可能是我們很想要得到的，就是身
心輕安嘛！但是不能因此就認定是三摩地的特點，因為不
是所有的三摩地都具有，注意！都具有安樂的特質。剛才
舉過什麼？比如說：第一靜慮近分相應的受是什麼？是捨
受，而非樂受喔！另外第四靜慮根本定相應的受也不是樂
受，所以「安樂」並非三摩地所必備的特點。11'37"

修學三摩地的時候，實際上也會遇到相當多的阻礙，
例如在修學期間內心生起貪、瞋煩惱，這都會障礙三摩地
的生起。但是這個地方為什麼要特別強調沉沒與掉舉呢？
就是如同前面所說的，三摩地要具足「具力明分」和「住
分」的兩種特點，而這兩者的違品是什麼呀？就是沉沒及
掉舉，在後面我們會學到。所以在眾多的阻礙中，障礙這

兩個的要特別強調的沉、掉二者，原因就在此。12'24"

今天詳細地講了一下這個妙三摩地的兩種殊勝，以及為什麼是兩種，作了詳盡地分析；我們對於三摩地的特色，在這一段文字中也有一個更清晰的了解。然後隨著我們一直在學習修奢摩他，我們對奢摩他如何修，乃至修的時候會遇到的狀況就會了解更多了。13'01"

這一節的含量稍稍對你們來說有點複雜嗎？ 13'08"

我重複講了好幾遍，希望大家如果沒聽清楚的話就重複地聽一下。13'16"

在此也希望一切有緣者都一起學習這麼美的大師教法，能夠學到這麼清淨的傳承教授，這對我們來說真的是稀有的、難得的機會，所以希望大家能夠好好地珍惜。13'37"

謝謝！ 13'39"

講次0061
修止的違緣與順緣

大家好！很高興又到了我們一起學習《廣論》的時間了，這一週的課你們有預習吧？請大家翻開《廣論》360頁第 1 行，請跟我一起看原文。有找到吧？ 00'35"

> 有力明分，無色地攝少數定中雖無，然如《莊嚴經論》云：「靜慮除無色。」此謂除少獲得自在菩薩，餘諸菩薩皆依靜慮地攝正定引發功德，故說明顯殊勝無有過失。 01'07"

這一段是在說什麼呢？是說在某些無色地所攝的定當中，雖然沒有「**有力明分**」，但是就如同《經莊嚴論》中所說：「捨棄無色的靜慮。」那麼這句話是什麼意思

《廣論》段落

奢摩他校訂本：P59-L1 ～ P60-L1 有力明分⋯⋯次是正知。
福智第三版：P360-L1 ～ P360-L8 極明顯分⋯⋯次是正知。

呢？是說除了少數獲得自在的菩薩以外，其他菩薩是依靠靜慮所攝的定而修持功德，因此說到清晰的殊勝是沒有過失的。01'50"

少數獲得自在的菩薩可以依著無色定而修持功德，無色定包括什麼？空無邊處定、識無邊處定、無所有定、非想非非想處定。所以除了少數獲得自在的菩薩可以依著無色定而修持功德，其他菩薩基本都是要依靠靜慮所攝的定，也就是什麼定啊？色界定，來修持功德。而色界定有沒有明分力？都具有明分力，所以提到具足明分力這個殊勝，並沒有過失。那麼任何寂止都要具有明顯分，可是這裡的「有力明分」，有的善知識解釋說：非想非非想天的定雖然具有明顯分，但卻沒有像一開始獲得奢摩他的時候的有力明分。02'45"

好！我們再接著往下看。02'49"

> 沈沒能障如是明分力生，掉舉能障一境無所分別，沈掉二法為修淨定障中上首，亦即此理。03'07"

說「沉沒」它的破壞作用是什麼呢？沉沒就會障礙出現明分的力量。那「掉舉」呢？又破壞什麼呢？掉舉會障礙專一的無分別。所以沉掉二者會成為修成清淨等持的最主要的障礙，原因就是這個。那麼獲得清淨等持必須具備「明分力」與「無分別的住分」，而沉會障礙出現明分，掉舉會障礙出現無分別的住分，所以沉掉就是我們得定的最主要的障礙，也是最主要的破壞力量。好！我們接著再往下看。03'53"

> 故若不善識別粗細沈掉，及雖識已，不知淨修勝三摩地破彼二軌，況云勝觀，即奢摩他亦不容生，故智者求三摩地，於此道理應當善巧。此中沈掉乃是修止違緣，辨識違緣及正破之法皆於下說，故此當說修止順緣引生三摩地之理。04'30"

這一段是在說：如果我們修定的人不懂得善加識別——注意——粗細的沉掉，以及識別之後遮止沉掉的清淨的修定方法；也就是說，如果我們不了解什麼是粗細的沉掉，以及如何遮止沉掉——注意喔——清淨的修定的方法，如果我們不了解清淨的修定的方法，就連寂止都不可能生起，更不用說是勝觀了。所以希求三摩地的智者應當善巧這種方法。什麼方法呀？清淨的修定的方法。那麼沉掉就是修成寂止的違緣，辨識違緣，以及遮止的方法本身會在後面的時候說明，所以在這裡邊宣說修成寂止的順緣、引生三摩地的方法。05'32"

再強調一下，奢摩他最需要的是明顯分和安住分，所以修奢摩他最大的障礙就是沉沒和掉舉。如果不了解什麼是沉沒、什麼是掉舉，或者已經了解了，卻不知道如何對治；如果是這樣的話，大家可以想一想：寂止能不能生起呢？寂止是無法生起的。如果寂止都無法生起的話，能生起勝觀嗎？勝觀更不要說了，生不起來！06'07"

那問大家一個問題：在修學奢摩他之前，需要先了解什麼是奢摩他的阻礙嗎？需要的。那什麼會障礙生起奢摩他呢？最主要的是兩個，對吧？沉沒和掉舉。所以我們應該先認清什麼是沉、什麼是掉，乃至先認清粗、細沉掉之間的差異性。認清之後做什麼呀？對治。如果不這麼做，其實就連內、外道共通的奢摩他也是無法生起的，更不要說不共的毗缽舍那了。06'50"

因此善知識就跟我們說：真心希求奢摩他的智者，就應該先做什麼？先聽聞教典，然後去探究在教典裡邊所宣說的內涵。由於有關奢摩他的違緣——沉掉，以及對治沉掉的方法，我們以後都會詳細地介紹，所以在此就先說明成辦奢摩他的順緣，以及如何引生三摩地的道理。07'20"

接著我們就再往下看，有找到行吧？07'26"

此中三摩地者，謂心專住所緣之分，復須於所緣相續而住。此須二種，一於根本所緣令心不散方便，及於已散未散、將散不散如實了知。初即正念，次是正知。07'55"

這裡的三摩地，注意喔！是指內心專一安住於所緣的那一分、那一部分。這裡邊提到了「安住」，到底要安住多久啊？絕對不僅僅是暫時安住一下而已，而是必須能持續地安住於所緣。想要持續地安住於所緣，需要什麼條件呢？需要兩個條件：第一、是指內心不從根本所緣上散逸的方法；第二、是如實了知，注意！如實了知是否散逸，或者是否將要散逸。這兩者當中，前者是正念，正念能使內心不從根本所緣上散逸；後者是什麼？後者是正知，正知能如實了知內心是否有散亂、是否將要散逸。09'01"

善知識說：三摩地是一個心所，它的作用就是讓心安住在一個所緣境上。正念與正知是幫助獲得寂止的──注意──兩個順緣，正念使內心不會散亂，安住於所緣境上；正知，大家想想，正知再細分一下，就會可以分：有一種預警系統的，還有一種就是發生之後才知道的。所以就有點像有靈敏的正知，還有一個反應遲鈍的正知。反應遲鈍的正知就是散亂產生之後才知道的正知，甚至有的時候很長時間才知道，它反應有點慢。那麼那個很靈敏的正知，是散亂還沒發生的時候它就知道了，它具有警告作用，有點像我們的那個預警系統，而且這個預警系統在正常運作。比如說那個預警系統告訴我們：「前方，哎！可能會發生危險。」「啊！哪裡有危險。」這種正知訓練很久了之後，它已經變成很靈敏的，在散亂發生的之前、沉沒發生的之前，正知就會知道了。10'19"

　　再總結一下：所謂的「三摩地」，就是指心面對所緣的時候，保持專注的一種狀態，而且要儘量地什麼？拉長我們的心安住在所緣上的這個時間。就是心安住在所緣的時間，一點一點地訓練，然後變得拉長。所以想要達到這個目標，必須借助兩種力量，你們回答，哪兩種啊？正念、正知。那麼「正念」是做什麼的呢？就是讓心專注在最初設定的所緣境上，避免散亂，比如說：我們安住在佛像上，那我們就確定好了我們這個正念就是要安住在佛像上。那麼「正知」是觀察自心在對於所緣境時是否產生散亂，就是它會看一看、看一看，觀察一下：哎！我是否安住在佛像上，我是否專注在佛像上……。其中這兩個以正念為主，正知是扮演著什麼？一種幫忙的角色。但是這兩者能分開嗎？是不能分開的。它們必須相互配合，才能達到最好的效果，能夠達到我們想要修成的那個奢摩他。11'44"

所以正知和正念，是我們此生和盡未來際一定要交到的兩個心靈的摯友。有這兩個朋友幫忙的話，我們越走越近、越走越近，尤其是那個具有預警系統的正知，就是在很遠的地方它的慧力好像很強，很遠的地方就看到：喔！那個散亂或者沉沒的風暴要來了，要淹沒，這個馬上就要開始防範。所以，一旦我們從很遠的地方開始防範散亂和昏沉的話，就會把它越遮越遠、越遮越遠，有一天它就徹底不見了。所以大家要好好地學！ 12'28"

講次0062
修學正念（一）

　　大家好！很高興又到了我們一起學習《廣論》的時間了。今天我們繼續學，請大家翻開《廣論》360頁，第幾行啊？第8行。請大家和我一起看原文。找到了吧？有找到吧？ 00'40"

> 如《莊嚴經論釋》云：「念與正知是為能注，一於所緣令心不散，二心散已能正了知。」若失正念忘緣而散，於此無間棄失所緣，故不忘所緣之念為本。由此正念心注所緣之理，謂如前說明觀所緣依處，若時現一最下行相，當發內心堅持於彼之有力執取相，令心策舉，即此而住莫新思擇。 01'34"

《廣論》段落

奢摩他校訂本：P60-L1 ～ P61-L5 如《莊嚴經論釋》云……殊勝宗要。
福智第三版：P360-L8 ～ P361-L3 如《莊嚴經論釋》……殊勝宗要。

　　這稍微有點長。哪本論啊？《莊嚴經論釋》。這本釋在說什麼呢？說：正念與正知能夠令心投注於所緣，第一是能令心不從所緣上流散，第二個是能善為了知內心的流散。如果正念退失而遺忘了所緣就會散漫，而在當下失去了所緣，所以不遺忘所緣的正念就是根本了！02'08"

　　透過正念使內心投注於所緣的方法，是指如前所說「明現所緣依處」，當我們能現起最下的行相的時候，內心生起緊緊地執取所緣的有力執取相——不只是執取所緣而已，要緊緊地執取。執取的時候要具有「有力執取相」，令心策舉——振奮內心，這個時候就不作任何新的觀擇，讓我們的心安住在所緣上。02'49"

　　在修學三摩地的期間，如果失去正念——這是個大事情啊，失去正念——然後你就會分散原本的專注力，因為你就開始注意其他的了，所以導致忘失原先的所緣境。注意！失去所緣境意謂著什麼？就失去三摩地了！那時候就是在浪費時間，所以不忘所緣的正念是修三摩地的根本。03'20"

那請問大家：正念又是如何讓心專注於對境呢？就像前面所說的，我們設定了某個所緣境，比如說我們設定了佛像，那麼當我們在用功觀想的時候，如果能在內心中現起粗略的這個影像，當下現起粗略的這個影像，就要提起心力，讓這個心有力地執持對境。就是你的心要一直緣在這個佛像上，並且安住在這種狀態中，不要再想佛像以外的事情，任何事物都不要想了！有聽清嗎？我們再往下看，看原文。04'13"

念如《集論》云：「云何為念？於串習事令心不忘，不散為業。」04'23"

這裡邊提一個問題：什麼是正念？修定的時候，正念與正知是非常重要的，那麼什麼是正念呢？宗大師引了哪本論啊？《集論》。《集論》就解釋正念了，那麼《集論》說什麼？「什麼是正念呢？正念就是對於串習的事物、熟悉的事物內心沒有遺忘，具有不散亂的作業。」有沒有聽清？接下來宗大師還有仔細地解釋《集論》的這段文，這都是在解釋什麼？都是在解釋正念，對吧？看原文喔！05'12"

> **此說具足三種差別。其中所緣境之差別，先未習**
> **境，念則不生，故說「於串習事」，此中即令現起**
> **先所決定所緣依處之相。** 05'32"

說正念具有三種差別，也就是具有三個特點。那麼哪三個差別？第一個就是所緣境的差別，就是對於過去不熟悉的對境，我們有沒有辦法生起正念呢？是沒辦法的，所以提到「對於串習的事物、熟悉的事物」。那在修定的時候，我們串習的、熟悉的事物是什麼呀？我們想一想：啊，之前選了佛像。所以就是要讓內心現起過去已經定解的所緣依處的這個行相。06'14"

《集論》中就以三句話來說明正念必須具備三個特色：第一，「於已串習事」，就是這個境的特點——正念的境必須是之前已經熟悉的事物；如果先前完全不了解或者不曾經接觸過，是沒辦法回憶的，對不對？沒辦法憶念的。舉個例子來說：當問到我們熟悉的人，我們是不是很容易就想起他的眼神、表情？甚至說起小的時候家門前的樹，我們也能夠在腦海裡清晰地浮現出那個樹的樣子。為什麼能想起來呢？因為太熟悉了，所以想要想起來、想要憶念，就必須熟悉。07'05"

如果以佛像作為修學三摩地的所緣，那麼在最初就應該先將佛像的這個輪廓、特徵牢記於心，之後透過正念的力量在心中顯現這個佛像的影像，就是憶念。這是什麼？這是第一個差別——所緣境的差別，一定是熟悉的、串習的。這是什麼的所緣境啊？是不是正念啊！那麼接著再往下看。07'47"

行相或執取相之差別者，謂「心不忘」，即心不忘其境之分，此中謂不忘所緣依處。不忘之理者，非因他問或自思察，僅能記憶師所教示「所緣依處如此」，是須令心繫於所緣，相續明記無少散動，散亂方生其念便失。故心如前既住所緣依處，復起是念「如是已繫所緣」，次不更起重新觀察，相續將護此心勢力令不斷絕，是依念理殊勝宗要。08'45"

　　這一段還是有點長，我們耐心地再重新看一下。這是正念的第幾個差別？接下來是第二個差別。第二個差別是什麼呢？你們看原文就知道——行相或執取相的差別。那麼這是指什麼？就是提到「內心沒有遺忘」。注意！出現「遺忘」的詞，就是內心不會忘，是指內心不遺忘對境的那一個部分；修定的時候，就是指不遺忘修定的所緣依處。比如說我們是緣佛像的話，就不會忘記那個佛像。09'24"

　　「不遺忘」的道理是指什麼呢？大家有沒有發現，我們在修定的時候，會探討一些平常我們會認為已經知道的事情，「為什麼你不會忘？」為什麼你不會忘呢？道理是什麼呢？是指別人問起的時候能夠記起來就算了嗎？不是指透過他人詢問以及自己思考的時候，僅僅能夠回憶起師長所開示的「這個所緣依處就是這樣」就夠了，不是這樣。換句話說，當別人詢問的時候或者我們去思考的時候，能想得起來所緣是什麼，這不是這裡邊所說的不忘！我再強調一下，就是別人問你，你能想得起來，不是這樣的！10'11"

那麼此處的「不忘」是指——仔細聽喔——此處的不忘是指，能夠持續地記得內心投注於所緣、安置於所緣，絲毫也不散動；一旦發生散動就會失去正念。我再重覆一遍：這裡邊所說的「不忘」，不是說你能想起來那個是什麼樣子，而是能夠持續地記得。記得什麼？記得內心投注於所緣、安置於所緣，絲毫也不散動；一旦發生散亂就會失去正念。10'54"

因此，內心就如前面說的，安住於所緣依處的時候，內心會想到：「已經安住於所緣上了！」安住之後，接著再也不作什麼新的觀察思考，就將護、維繫這顆心的力量。就這樣：「欸，我已經安住在所緣上！」就這樣安住，然後令這種力量持續不斷，這就是依止正念的方法的殊勝關鍵喔！ 11'27"

有沒有聽清楚啊？沒聽清楚你們就自己倒帶一下，這個很重要喔！它那個「不忘」跟我們平常理解的「不忘」是不一樣的！要仔細地一個字、一個字看過，然後去理解是什麼意思，而且可以操作一下。11'51"

　　所以再說一遍：「心不忘失」，是指正念在對境的時候，當下所呈現的狀態──牢記不忘！此處的「不忘」，再說一遍，不是指有人問能回答出問題、回答出對方的提問，也不是指思考了之後能想起來、能回憶起：「喔！之前上師為我解釋的所緣境，就是怎樣、怎樣的。」此處的「不忘」，是指讓心長時間地安住在所緣境上，避免散亂。12'35"

　　注意喔！長時間，要記住：長時間地安住在所緣境上，避免散亂。因為一旦內心生起散亂，這個所緣境就失去了！就是它目標已經轉移了，沒有在緣佛像了。就算一問你當下還能說出來，就是說：「欸，你在緣什麼呀？」你說：「我在緣佛像啊！」你能說出來，可是你已經散亂了。所以你能說出來原先設定的所緣境是什麼，但是由於內心沒有安住在所緣境上，去考功夫的話，還是你已經失去正念了！而這就是之前所提到的第二種過失──忘失教授。13'24"

　　為了防止這種狀況發生，就要懂得修學正念的方法。

所以當心聚焦於所緣境之後，要先生起一個什麼念頭啊？就是看一看：「我的心已經安住在所緣境上了」的這個念頭。這種感覺比如說你放一個什麼在那裡之後，你放完之後看一看：我已經放好了。並且在安住之後、放完之後，你不要一直看，說：「欸，我有放了嗎？我有放了嗎？」不用這樣子，安住之後就不要再繼續觀察所緣境了。而是設法讓這種狀態延續下去，這是修學正念最關鍵的部分！14'09"

注意！這一點它不是拖泥帶水的，而是牢記所緣之後，觀察一下「我的心已經安住在所緣境上」，然後就不再來回地觀察了。非常俐落，就持續這種狀態。就是你不用不放心老去看、反覆地去看，不用這樣。你看一遍安住在上面就可以了，然後就延長這個心於所緣境的持續時間。注意！這裡邊有個詞叫「延續」，延續你觀察到的如法的這樣一個狀態，這是修學正念最關鍵的部分。14'52"

如果你沒修過奢摩他，或者以前用錯誤的方式修習的話，這個地方就要特別特別地仔細。一定要把教授先聽清楚，然後反覆地、反覆地多看，多思考這是到底是怎麼回事情，因為有的時候它的差別是滿細微的。15'16"

這個正念，平常我們不論是在持守任何的戒律，其實大家都知道正念和正知它們是不可或缺的，非常非常地重要！像在持戒的時候，我們要透過聽聞、透過了解，知道自己應該持守哪些戒律，以及持戒的功德，還有犯戒的過失、過患，進而反覆地憶念、反覆地憶念已經熟悉的這些戒條，藉此生起正念。因為我們有正念了，所以在我們對境的時候，一切時中「情非情境，何事非持」，都在對境的時候以正知力檢查身語意三門的行為。16'05"

一旦察覺到自己將犯下違反戒律的這個惡行，就要憶念：「哎呀！我已經受戒了，不能做出這種行為，犯戒會對我做出很大的傷害。」或者憶念菩薩戒會傷害有情等等。這個時候就要立刻制止，立刻制止！而不是當下只能說出某一條戒的內涵，或者犯戒的過患而已。這個是說：我們這個戒律的力量就是要停住作惡的那個狀態，精進地現起行善的力量，這個力道要出來！這與修學三摩地的時候運用正念、正知的道理一不一樣啊？是大抵相同，完全相同！ 17'01"

以上我們學了正念的第二個差別，然後第三個差別什麼時候講呢？就只能下一講講了，會學第三個。你們累不累呀？非常感謝大家能夠持續地聽聞和學習，請你們加油！ 17'25"

講次0063
修學正念（二）

　　大家好！又到了我們一起學習《廣論》的時間了，很開心吧！之前我們有學到正念的三個差別中的前兩個差別，有的同學還能答出來哪兩個差別嗎？第一是什麼？所緣境的差別，就是正念所對的境是過去熟悉的事物。第二是行相或執取相的差別，就是內心沒有遺忘，記住是「牢記不忘」！那麼今天我們就往下學第三個差別，就是作業的差別。請大家翻開《廣論》361 頁第 3 行。00'58"

> **作業差別者，謂從所緣心不餘散。** 01'08"

　　正念的作業的差別是什麼呢？就是讓心不從所緣散到其他的地方。總括一下，正念就有三個差別：一、所緣境

《廣論》段落

奢摩他校訂本：P61-L5 ～ P62-L5 作業差別者……注所緣故。
福智第三版：P361-L3 ～ P361-L11 作業差別者……住所緣故。

的差別。所念的境就是先前已經熟悉的事物，如果先前完全沒有辦法接觸、也不了解，是沒法憶念的。而且，如果先前越熟悉的境，你憶念得就越清楚，對吧？你越熟悉，不用費力氣就想起來了。01'42"

第二是行相差別。就是心不忘，讓自己的心明顯地看到境。還記不記得此處的「不忘」有什麼差別啊？不是指別人來問的時候，或自己思考的時候想起來「善知識的教授是這樣……」，不是這樣，對吧？是長時間地能夠將心安住在一個善所緣境上，所以一旦心安住於所緣境上，就儘量地什麼？延伸、拉長安住時間，越長越好，這就是訓練正念最有效的一個方式了。02'17"

第三個就是作業的差別。正念的作用就是指心不會散亂，不會轉移到其他所緣境上。這個「不散為業」，第三個就是在說明正念的作用。這個正念就是能讓我們的心安住在所緣境上，不會散亂，不會從所緣境上散到其他地方。這正念像一個抓取力一樣，就是一個抓住的力量。它用什麼方式抓住呢？就是牢牢地記住，銘記！然後才能夠做到心不從所緣境散到其他的地方。是不是可謂全神貫注？當然這個全神貫注還有鬆緊適中的問題。我們再接著往下看，有找到《廣論》？03'27"

> 如是心繫所緣而調伏者，以調象喻諭之：譬如於一堅牢樹柱，以多堅索繫其狂象。次調象師令如教行，若行者善；若不行者，即以利鉤數數治罰而令調伏。如是心如未調之象，亦以念索縛於前說所緣堅柱；若不住者，以正知鉤治罰調伏漸自在轉。04'14"

　　這一段是說講了一個譬喻，這個譬喻是比喻什麼呢？就是當我們的心安置在一個所緣上而調伏的時候，舉了這樣一個譬喻，就是調伏大象。那怎麼調伏大象呢？就是用很多非常堅韌的繩索，然後把這個狂象——未調伏之前的叫狂象——把這個狂象繫在一個非常堅固的樹幹或者柱子上。如果這頭狂象能夠按照調象師所調教的這樣，牠很聽話，牠去做，當然就很好；如果這個狂象不服氣，不服從那個調象師的調教，那調象師要想辦法，怎麼辦呢？就用鋒利的鐵鉤一再地懲罰這個狂象，令狂象馴服。05'14"

這個比喻到底要說明什麼？這個狂象比喻什麼呢？我們的內心，就像一頭瘋狂的大象，一定要用正念的繩索，繫在前面所說的所緣的堅固的柱子上。如果內心無法安住的話，就應該用正知的那個鐵鉤好像把它穿透一樣，正知穿透了這種散亂的狀況或者昏沉的狀況，然後逐漸地、逐漸地控制我們的內心。這個譬喻是很容易理解的。05'57"

我們的心，這個還沒有調伏的我們的心意，在對境的時候，它會恣意地產生煩惱，完全地不受控制。正念就好比是什麼啊？非常結實的那個繩索。所緣境是什麼？就是堅固的這個樹幹或者是柱子。為了調伏內心這頭狂象，必須以正念的繩索將這個狂心綁在這個所緣境上，對不對？如果心不聽話的話，就用正知的利鉤數數來治罰，使心調伏。有沒有聽清？06'45"

如果願意修習奢摩他的話，就是這樣調伏自己的。很難想像我們的心像一頭狂象吧？沒有修行之前就像一頭狂象。可能很多人還覺得：我還算溫和。溫和趣向於境的時候會不生起各種煩惱嗎？07'10"

好！我們再往下看。看原文：07'16"

如《中觀心論》云：「意象不正行，當以正念索，縛所緣堅柱，慧鈎漸調伏。」 07'31"

在《四家合註》裡，巴梭尊者解釋這段文，在清辨論師所造的《中觀心論》中說：欲界的心像不寂靜、不調伏的大象一樣，這麼不調伏的心起初它是無法隨心所欲地趣入善行的。就是它不聽話，那為了調伏這樣的一顆心，我們該用一些什麼辦法呢？說必定要準備一個繩索對吧？必定要以持續的正念繩索繫在堅固的所緣上，就像用繩子綁在一個柱子上一樣。然後還有人檢查，就是正知的這個檢查的或者說偵察的，善加觀察心中是否生起沉掉。這個沉掉就好比那繩索又鬆了，要以迅速覺察的智慧的鐵鈎逐漸調伏。注意喔！逐漸調伏。這就是一個調伏內心的過程，顯然這個過程要相當地具有耐心。08'51"

　　你們看到《廣論》這段文的時候，會不會停下來想一想啊？可以想一想。沒想到我們還會為自己的心準備一個繩索，那叫正念的繩索，很美的繩索！09'11"

　　好！我們往下看，「《修次中篇》亦云」有找到嗎？09'21"

　　《修次中篇》亦云：「用念知索，於所緣樹，繫意狂象。」09'34"

　　和我一起再唸一遍，「《修次中篇》亦云：『用念知索，於所緣樹，繫意狂象。』」09'47"

　　《修次中篇》上也說了同樣的道理，要用正念、正知的繩索，將心意的大象繫在所緣的這個樹幹上。《修次中篇》舉的喻和《中觀心論》所舉的比喻都是相同的。那我們就不多講，往下看，看原文：10'14"

　　前論說正知如鉤，後論說如索亦不相違，正能相續繫心所緣者，是為正念，正知間接亦能令心注於所緣。謂由正知了知或正沈掉或將沈掉，依此能不隨沈掉轉，令住根本所緣事故；又如前引，世親菩薩亦說念知俱能注所緣故。10'46"

　　這一段宗大師解釋說：前論提到了正知如同鐵鉤——這裡邊的「前論」就是指剛剛的《中觀心論》——在《中觀心論》裡，提到了正知如同鐵鉤。後面的論提到了如同什麼？繩索，對吧！後面就是《修次中篇》，在《修次中篇》中提到正知就像繩索一樣。說這兩者意思大致相同，看起來字面是好像有點說的不一樣，有沒有相違呢？大師說：「不相違。」是不相違的，為什麼呢？因為直接將內心持續地繫在所緣上的是正念，而正知也能夠間接地令心投注於所緣。注意！是「正知」。那為什麼正知能夠令心間接地投注在所緣上呢？因為正知是個偵察的，對不對？透過正知了知，像一個攝像頭一樣在看這個是否正在沉掉？或者即將出現沉掉了？藉此我們看到了之後，就不要隨沉掉而轉。不要隨沉掉而轉什麼意思？不要被沉掉給控制了、給淹沒了，而能夠繼續安住在根本的所緣上。12'17"

就如同前面所引，世親菩薩也提到正念和正知二者都能夠令心投注於所緣。所以雖然《中觀心論》和《修次中篇》中，用不同的比喻來說明正知，但是內涵是一樣的，就是正念、正知這兩個，能令我們的心持續地投注於我們該緣的所緣上。12'42"

有沒有發現我們這個心像狂象一樣？我們要修善的時候、它不聽話的時候，佛陀教給我們用繩子還有鐵鉤要馴服這顆心；當然這個繩子是正念、正知這樣的力量。我們也拿到了工具，要把這個工具訓練出來，它完全是透過內心的習練，練出來的。就是用一把心意的繩索、一把心意的鐵鉤，來降伏心意的狂象，令未生的善能夠生，令已生的善不散失，還能夠增長。13'30"

一旦我們完成了對內心的訓練之後，你想想：我們的心聽話了，我們想要它做什麼善行就做什麼善行，我們將極大程度地獲得了自由。因為最後有那樣的結果，那麼整個過程中調伏的這件事也是滿值得的，對不對？所以要有耐心，因為結果太令人歡喜了，所以過程中是可以忍耐的。13'59"

今天就講到這兒，謝謝大家！ 14'05"

講次0064
修學正念（三）

　　大家好！又到了我們一起學習《廣論》的時間了。這週你們過得還好吧？請大家翻開《廣論》361頁倒數第3行，我們要繼續學了。準備好了吧？請看書，原文。00'33"

> 又說依念生定及說記念如索，直令其心相續繫於所緣。故能引定主要修法，即是修念之法。00'50"

　　說提到依靠正念修成定，以及提到正念就像什麼？像一個繩索一樣，能直接把心持續地繫在這個所緣上。因此，引生定的最主要的修法到底是什麼？就是維繫正念的方法。再說一遍！引生定的最主要的修法是什麼？就是維

《廣論》段落
奢摩他校訂本：P62-L6 ～ P63-L3 又說依念……定力之念。
福智第三版：P361-L11 ～ P362-L3 又說依念……有力之念。

繫正念的方法。01'27"

好！我們接著要往下看！01'31"

正念亦具定解為相之執取相，故修定時若無堅牢決定之執取相，唯憨然而住，心縱得澄淨明分，然其明分不發決定之力，有力之念定不得生，由是亦未能破微細之沈，故三摩地唯有過失。02'03"

解釋一下這一段：正念也是具有定解行相的執取相，換句話說，正念具有執取的行相。正念的執取行相是什麼樣的行相呢？就是具有定解行相，也就是對於已經定解的內涵，令正念執取不忘。所以當我們修定的時候，如果沒有堅牢決定的執取相，什麼呀？「**憨然而住**」，這個憨然有點呆呆地、有點發愣的這個安住，它丟失了所緣。這個時候能不能有澄淨分呢？雖然會有內心澄淨的明分，但是這樣的明分不會發出決定的力量，就是沒有力量，如果沒有力量就無法生起有力的正念。如果無法生起有力的正念會怎樣呢？就無法去除微細的沉沒。如果無法去除微細的沉沒，就只會成為有過失的三摩地，無法修成寂止。
03'24"

這裡邊出現了一個「**唯有過失**」的「唯」，這個
「唯」字不是指三摩地只有過失，沒有功德，而是說這樣
修的話，一定會成為有過失的三摩地，修不成寂止。
03'42"

所以澄淨和明顯，注意！澄淨和明顯是不同的，澄淨
是把境看得很清楚；明顯不只是澄淨，還要反應很敏捷，
就是他這個心處在一種很有精神、好像精神抖擻那樣一個
狀態。注意喔！如果沒有明顯分的話，就無法破除細微的
沉沒。比如說我們在修禪定的時候，雖然可以清楚地看到
那個所緣境，安住分也很堅定，甚至非常地堅定，一直都
沒有散亂，都是住在這個所緣境上。可是內心對比於那種
精神抖擻的狀態，是有一點像懶散，提不起那種精神抖擻
的狀態的感覺。注意喔！這是比最佳的狀態的時候，這就
是微細的沉沒了。04'48"

　　這個微細的沉沒很難覺察，如果長時間這樣修行的話，不但修不成禪定，反而修成了微細的這種沉沒。如果這樣下去的話，就非常容易忘念，修久了之後，就算你原來是一個很敏捷的、很活潑的人，也會變得非常遲鈍，不具有智慧了。這個微細沉沒的覺察很重要，對它教理依據的判斷也很重要！所以在相關的論著中也都有提到「依著正念修三摩地」，或者說「正念就像繩索一樣，能將我們的心繫於所緣境上」，我們可以知道修學正念是修學三摩地的關鍵。05'42"

　　正念能夠牢記對境，在修習三摩地的時候，如果我們無法有力地執持對境，注意！就出現剛才說的，就算是呈現出非常清晰的影像，但是內心有沒有力道呀？提不起力道。這樣的話就無法產生有力的正念。如果沒法產生有力的正念，就是你的心抓取力沒有那麼靈活和精神抖擻的話，在這樣的狀態下，消滅不了細分的沉沒。如果這樣的狀態，是一個修行人修行三摩地長此以往的狀態的話，那會有一種惡果，就是花再長的時間修習三摩地，三摩地還是有過失，而且會越來越遲鈍；修得很長時間，花時間越長它越遲鈍，這是一種錯誤的修法。06'47"

好！我們再往下看，看原文。06'51"

> 又不住餘像等所緣依處，唯修無分別心者，亦須憶念教授，謂「令心任於何境全不分別而住」，次則於心不流散者，不令散逸。不散逸者，義同正念不忘所緣，故仍未出修念之規。如彼修者，亦須依止發決定力之念。07'24"

這一段是說：如果我們的內心沒有安住於本尊的身像等等其他的所緣依處，只是維繫內心不作分別，也必須憶念教授、記得教授。憶念什麼教授呢？就是「無論對於任何境界，內心都不做任何分別而安住」的教授。憶念這樣的教授之後，對於內心不流散的這樣的狀態，不可以散逸，也就是讓內心要處於不散逸的狀態，這個是與不忘失所緣的正念是同義的。正念就是讓自己的心安住於該安住的所緣上，而不散逸也是讓自己的心安住在所緣上，不能流散到其他地方，所以不散逸與不忘失所緣的正念是同義的。這樣的修法，其實也沒有超出維繫正念的方法，因此如此修持的人，也必須依止能發出決定力的正念，必須要生起有力的正念。08'30"

這一段，對於正念再再地提到一個狀況，就是你如果沒有緣到佛像，或前面所說的那些淨行所緣、淨惑所緣，你緣什麼了？就是只是想要修學沒有分別心的這個所緣，也是依著前面說的方式，也是那樣修的。怎麼修呢？就是讓自己的心緣著善所緣，不可以轉移焦點，不要想與所緣境無關的內涵。比如說如果不緣著佛身而讓自己什麼都不想的話，就是讓自己的心不要動念，這種修法乍聽之下是不是好像沒有任何所緣，好像空落落的、空空的，但過程中，修持的人也必須要提醒自己：「我什麼都別想，並且盡量地保持專注、不流散的一個狀況，不要散亂。」09'31"

然而「我什麼都別想」，是不是當下心的所緣呢？實際上「努力地讓我的心不要散亂」與「不忘所緣的正念」二者，除了描述的方式之外，其實沒有差別。所以總結：

還是在修正念，對不對？而且要透過不斷地練習，修持有力的正念。注意喔！是有力的正念。10'09"

看完這一段，大家可以想一想：你要選擇什麼所緣？我自己是會選擇緣佛像，因為可以同時集聚很多資糧，在修定的時候，對於佛身執持內心，就可以隨念佛陀，能引生無邊的福德。我覺得需要很多福報、需要很多資糧成辦三主要道，前面講過，如果佛身的形相清晰而且堅固的話，可以作為禮拜、供養、發願等等集資淨懺的福田，所以是非常殊勝的！10'50"

今天所講的部分，再再強調了「有力的正念」，就是我們的心在修持緣著善所緣境的時候，它是處在一種精神抖擻的、非常精進的狀態，它不是說所緣境沒失去，好像也很清晰。但是明顯分不足，就是你的力道不夠，力道不夠會導致沒法降伏微細的昏沉，所以這個事情是非常嚴重的！11'31"

那麼這種怎麼辦呢？就是要我們在修的時候，自己要依據教典去獲得經驗。因為那種微細的沉現行的時候，我們看起來是滿好的，因為沒有失去正念啊，也在安住啊，也好像很清晰呀！但是怎麼能知道它沒有力量呢？就是它對比精神抖擻的狀態是沒有力量的，那樣的話，就是微細沉產生的時候了。所以這個就不能依據自己過去沒修時候的經驗，要依據教典來判這個狀態。如果觀察到了之後，就一定要再把心力提起來，提起心力，它是一個勇猛精進的、精神抖擻的狀況。我覺得是很美的一個內心的狀態。12'23"

所以這個教典字字珠璣啊！每走一步都要依靠這個清淨的教典，看怎麼說的、我要怎麼做，不可以馬虎大意，或者說：「我覺得挺好！那就延續。」覺得挺好是不行的，要看看善知識們、看看傳承是怎麼講的，有經驗的人他的成功的經驗是什麼，就是一定要有力的正念！12'52"

好！今天就講到這裡了。12'55"

謝謝大家！12'58"

講次0065
破斥「善緩即善修」之說

　　大家好！很高興又到了我們一起學習《廣論》的時間了，今天我們要學習「**破有過規**」這個科判。你們準備好了嗎？尤其是大乘發心的部分，一定要在上課之前自己殷重地發心。好！請大家翻開《廣論》362頁，第幾行？第4行。跟我一起看文：00'42"

> ^{第二、}**破有過規：有此邪執是所應破，**謂如前說善舉策心無分別住，是時雖無少許沈沒之過，然由掉舉增上，現見不能相續住分；低其舉心復緩善策，則見住分速能生起。遂謂此方便是大教授，得定解已，見其高聲唱言：「善緩即是善修。」01'28"

《廣論》段落
奢摩他校訂本：P63-L4 ～ P64-L1 ^{第二、}破有過規……下當廣說。
福智第三版：P362-L4 ～ P362-L8 第二破有過規……下當廣說。

我們看一下這一段在說什麼？「破除有過失的修法」，宗大師在這裡邊舉了一個他宗的想法。他宗的這個想法是什麼呢？宗大師先說這是應當破除的顛倒分別，什麼樣的顛倒分別呢？就像前面說的，注意聽喔！就像前面說的，善為警策而振奮其心，接著不作分別而安住，這個時候固然沒有少許沉沒的過失，但是掉舉則較為強烈——掉舉比較活躍，這裡邊的「**增上**」就是強烈的意思。當這個掉舉強烈現行的時候，安住分還能不能進行啊？就無法延續了。02'20"

看到這種狀況的時候，這個他宗會怎麼處理呢？他於是降低、放低對內心的振奮，就是放緩了警策；這樣調整了之後，就出現一種結果了：就能迅速地生起安住分。看到這個時候就想：這個方法是重大的教授，而且獲得了定解。什麼方法？就是放低對內心的振奮，也就是放緩對內心的警策，於是就高聲地宣稱：「**善緩即是善修。**」意思就是放得越緩修得越好。這是他宗的說法，很顯然這是一種邪見。注意！這個邪見他認為：內心如果起伏過大的話就容易產生散亂，應當讓內心不要太高昂，一直保持在一個相對低沉的狀態，這樣就很容易培養止力，而且能快速地修成寂止。他宗認為這是修定的一個大教授。03'38"

那麼「提起心力，全神貫注地收攝自心、不作分別，雖然能夠避免生起沉沒，但在心比較振奮高昂的狀態下卻容易產生掉舉、散亂；如果將心放鬆，反而有助於心的安住，藉此就能夠迅速地成辦奢摩他。」這是不是都是他宗在做的？所以他就認為讓心放鬆才是修學三摩地最好的方法。所以他承許了什麼？「善緩即是善修」，就是越緩修得越好！04'19"

接下來，我們看一看宗大師是怎麼破他宗的這個想法，和我一起看原文：04'26"

> 此是未辨生沈及修二者之論，以無過定，須具前說二種差別，唯有心無分別堅固住分未為完足。若謂此有矇昧令心渾濁，可名為沈，然今無彼，心有澄淨明分，故三摩地全無過失。現見此乃未辨昏、沈二法之言，是等下當廣說。05'07"

　　我們看一下這一段。宗大師說：他宗的這個說法，是沒有分辨，注意！沒有分辨生起沉沒與生起修行二者的言論。這個錯誤很顯然是非常嚴重！因為沉沒是修定的時候要對治的最重要的違品之一，如果把生起沉沒誤認為是修定，有可能自以為很認真修定，實際上都處在沉沒當中。05'37"

　　為什麼他宗這個說法，是沒有分辨生起沉沒與生起修行兩者的這個言論呢？因為沒有過失的定，就像前面所講的，必須具備兩種差別，就是明分力與安住分，並不是單有內心不分別的堅固安住分就夠了。如果有人心想：「在這種狀況下，如果會使內心趨於矇昧、昏憒、迷矇，固然是沉沒，但是也沒有這樣子，這個時候還是有內心澄淨的明分，所以是沒有過失的三摩地。」這是他宗的想法。他宗認為：如果放低對內心的振奮，放緩對內心的警策的時候，內心沒有出現矇昧，所以就沒有沉沒。因為什麼？因為它這時候還有澄淨的明分，所以他認為是沒有過失的三摩地。06'40"

　　接下來宗大師又說：他宗的這個想法就是沒有區分昏慣與沉沒二者的言論，「昏」和「沉」這兩者是有差別的，這兩者的差別後面我們會再詳盡地說明。06'56"

　　所以很顯然，宗大師認為他宗的這個想法是沒弄明白兩個問題，就是什麼是沉、什麼是修，這兩個都沒弄清楚，所以把兩個弄成一個了。因為不了解沉沒的過患，而把沉沒當成了修定。沒有過失的寂止是一定要遠離沉沒和掉舉的，而且也不是無分別止就足夠了。07'24"

　　還有人認為：看清楚境就會遠離沉沒，所緣境看得很清楚，那個時候他就是沒有沉沒的，所以只要有澄淨分和安住分，三摩地就是可以了，沒有什麼過失。可是大師說：這是什麼問題啊？沒有分辨昏沉和沉沒的差別的說法。昏沉和沉沒是不同的，很多人認為把境看得非常清楚，就覺得自己已經沒有沉沒了，然而這只是沒有昏沉而已。光是看得清楚、有澄淨分是不夠的，還要明顯分。明顯分是什麼狀況啊？就是你整個人要非常有精神，這樣才能遠離了沉沒。08'12"

那麼如果我們再說一遍的話，「善緩即是善修」的這種說法，宗大師破斥了這種修法。簡單地說：他認敵為友，混淆了「細分的沉沒」與「無過的三摩地」，沒有分清它們的差別。這兩個注意喔！這兩個是完全反的。08'35"

那問大家一個問題，「無過的三摩地」必須具備什麼？「住分」和什麼？「具力明分」對吧！兩個特點。所以如果我們在修行的時候，心提得很高，發現這個心控制不住就容易散亂，所以就把心放鬆，放鬆了之後是很有幫助內心安住於所緣的，但是如果放鬆這個力道掌握不對，太過了就會導致心在顯現所緣境的時候，它欠缺一種東西，欠缺什麼？就是力量。而這個心顯現所緣境欠缺力量的這種就是「細分的沉沒」。09'23"

然後他宗又解釋說：「這個所謂的『沉沒』」——注意哦！你看看他對沉沒的想法——「這個沉沒，是指心在對境的時候呈現昏昧不清的狀態，但是我們之前說的狀態不是這樣，它能夠清楚地顯現所緣境，具有澄淨的明分，所以不應該被視為是沉沒的。」因為他宗這個想法會把這個定義得太過了，很顯然這是他沒有懂得分辨「昏沉」與「沉沒」這兩者導致的結果。當然這個剖析得有點細了，以後再詳細地說。10'03"

這裡邊再再地強調：當我們發現我們很用力地修心，然後有點發散，控制不住的時候就把心放緩。一放緩了之後，有人就認為：「哇！你看我安住所緣、又有澄淨分，這樣好像是很美好的三摩地正在進行式。」但是不是！這個時候已經是細微沉沒的進行式了。10'30"

它們的差別點，就是這個顯現所緣的時候沒有力道，就像一個人靜靜地這樣、靜靜地這樣看著，還有一個人是精神抖擻地這樣，注視著那個所緣，所以他是有一種力量在裡面的。而正規的三摩地的要求，就是你的心對所緣境的抓取度一定要很有力量，你不能為了讓它不要太散亂，把力量破掉了，而且還認為這沒有昏沉，但是沒有去抉擇——是沒有昏沉，但是有細分的沉沒。11'05"

有沒有聽清楚？修定的時候要打起精神，善於辨別內心。11'14"

今天就上到這裡。11'16"

謝謝大家！11'18"

講次0066
太急太緩難生無過三摩地（一）

　　大家好！又到了我們一起學習《廣論》的時間了，這一週大家過得還好吧？有沒有大乘發心啊？這個一定要在上課之前自己認真發心。00'32"

　　上一次我們學到「**破有過規**」，大師舉出了一個他宗的說法。這個他宗認為：「**善緩即是善修**」，放緩對內心的警策的時候，內心還有澄淨的明分，所以是沒有過失的三摩地。然後宗大師說：他宗是沒有區分「昏」和「沉」這兩者的差別，關於這兩者的差別以後還會詳盡地說明。今天我們繼續往下學。01'00"

　　請大家翻開《廣論》362頁第8行。有找到行嗎？請

《廣論》段落
奢摩他校訂本：P64-L1 ～ P64-L5 故若太策舉……擾亂云何修？」
福智第三版：P362-L8 ～ P362-L11 故若太策舉……擾亂云何修。」

跟我一起看原文：「**故若太策舉心**」，有找到吧？
01'21"

> **故若太策舉心，令有力時雖有明分，由掉增上住分**
> **難生；若太緩慢而修，雖有住分，由沈增上故明無**
> **力。其不墮入太急太緩，緩急適中界限極其難得，**
> **故難生起俱離沈掉妙三摩地。** 02'00"

　　這一段說：如果我們修定的時候太過策舉、太過警
策，令內心有一個強大的力量，雖然具有明分，但是由於
這個時候就會產生掉舉很強烈，所以他的住分就受影響，
很難生起住分；如果修行的時候又放得太過鬆緩，雖然住
分得到了，但是由於沉沒較為強烈，所以又沒有有力的明
分。不墮入太緊與太鬆、鬆緊適中的界限又極難掌握，所
以難以生起遠離沉掉的三摩地。對於修行者來說，要嘛太
緊、要嘛太鬆，太緊的時候就容易生起掉舉，太鬆的時候
就容易生起沉沒，所以真的很難生起遠離沉掉的三摩地。
03'07"

　　那麼這種狀況是不是可以避免呢？好像是很難避免。因為在修習三摩地的時候，你一定要確保內心產生具力明分啊！這個時候你一定要提心力，用力收攝自己的心，但是你收攝的力道如果過於強猛的話，雖然顯現得有利於呈現那個明分，但是也容易滋生掉舉，導致內心安住會有困難，就是無法安住，很難生起住分。然後你又為了避免這種狀況發生，將這個心的力量就開始慢慢放緩、慢慢放緩；這麼做的時候，哇！心終於慢慢地安住了！但是也容易因為過度地放鬆而被什麼干擾了？沉沒干擾了，造成內心缺少力量——具力明分。04'05"

　　以前上師講過，要是把這種狀態譬喻成人的一個個性的話，比如說一個活潑的人，他反應很敏捷，卻不容易靜下來；像文靜的孩子，雖然沉靜，但又缺少了一分活力。那麼怎麼樣的一種是反應敏捷，卻又非常容易靜下來？鬆緊適中的界限怎麼去掌握呢？很難掌握。所以想要恰如其分地修三摩地並不容易。04'42"

　　我不知道你們聽了這一段在想什麼？你們還是覺得這

是很容易的？不僅僅這件事對初學者是相當困難，注意哦！就連教證兼備的大德月論師，也認為這不是一件容易的事情。如果這麼大的一個為難的主題，讓心放緩就可以解決了，那修三摩地也挺容易的啊！就不用一直在那兒調它的界限了。05'14"

我們就可以看一下，我們的這種苦惱，其實大德月論師也有同樣的感覺。我們再往下看，接下來的文裡邊有「**大德月依此密意說云**」，出現了「大德月」！05'42"

大德月依此密意說云：「若精勤修生掉舉，若捨精勤復退沒，此理等轉極難得，我心擾亂云何修？」
05'59"

我們先看一下，大德月這位祖師是誰呢？就是月官論師。他生於哪裡？印度，是一位在家居士。他跟月稱論師是同一個時期的祖師，由於兩個人見解不同，所以經常聚在一起辯論。此外，他還能親見觀世音菩薩，並且在觀世音菩薩的座前聞法，是當時極具盛名的詩人兼哲學家。他有相當多不可思議的事蹟，今天我們就先說其中的一個。
06'41"

　　有一次，大德月論師來到了著名的那爛陀寺，那個時候月稱論師正在外面說法，大德月論師——月官論師就站立著聞法。但是站立著聞法這是前來辯論的行為，因此月稱菩薩就認為他是來辯論的，於是在講法結束之後，就來到他的身邊問說：「請問您是來辯論的嗎？您是從哪裡來的？」然後大德月論師就回答說：「我是從南方來的。」月稱論師又接著問說：「那請問您懂得哪些法呢？」月官論師就謙虛地說：「我只懂《聲明巴尼巴》、《百五十讚》還有《文殊真實名經》，除此之外，我什麼都不懂了。」07'37"

　　月稱論師就說道：「懂得《聲明論》，就表示精通聲明；懂得《百五十讚》，就代表精通顯教；懂得《文殊真實名經》，就代表精通密續。您是大德月論師嗎？」然後大德月論師就回答說：「世人都是這樣稱呼我的。」月稱論師就緊接著說：「既然博學多聞的智者蒞臨了，哇！這個不迎請是不好的，僧眾理應迎請您才是啊！」月官論師聽了之後馬上婉拒說：「哎呀！我只是一位在家居士，怎麼能夠勞師動眾地請各位比丘出來迎接我呢！」但是為了消除大德月論師內心的不安，月稱論師就想到了一個善巧的方法。你們想一想，什麼方法呢？月稱論師說：「請您放心！我們剛好要迎請文殊的聖像，到時候您就手持拂塵站立在聖像的左邊，僧眾就迎請聖像。」然後就這樣將大德月論師迎請到了那爛陀寺。08'52"

接著後面就是那段著名的佳話了，兩位論師開始辯論了！當時月稱菩薩提出了非常多的問難，然後大德月論師在晚上就請示觀世音菩薩說：「這問題要怎麼回答？」看起來是月稱論師一個，對決觀世音菩薩加上大德月論師。就這樣經歷好幾個月，然後月稱菩薩開始懷疑：是不是有人在私底下，尤其是晚上悄悄指導他呢？於是某一天月稱菩薩就悄悄地跟隨著大德月論師，來到了他的住處外面，向裡面看，就忽然發現他的室內有一尊看起來像真人一樣的觀世音的石像，正在對著大德月論師說法！10'08"

　　然後月稱論師可能仔細看了一下：「那不就是觀世音菩薩嗎？」這時候月稱論師就說：「啊！聖者怎麼能有偏心，不能有偏心啊！」就一下把門推開。當時正在說話的那尊石像的觀世音就瞬間停止不動，只留下了一個豎起食指這樣在說法的樣子。所以後來那一尊觀世音的石像，就被人稱為是「豎指觀音」。在晚上悄悄教他的觀世音菩薩被發現了，所以他們的辯論也就停止了。你們覺得遺憾嗎？還想聽嗎？我再講一段。11'01"

　　大德月論師不僅在那一世有難以想像的功德，他前世也是一位親見觀世音菩薩的大班智達。有一次他跟一位順世外道辯論，雖然最終都以各種正理擊敗了對方，但是對方認為：辯論會贏只是看誰的頭腦比較聰明罷了，至於前後世是無法現證的。所以他心裡有疑惑，或者說乾脆就認為沒有，因此這位大班智達決定親自證明前後世的存在。11'41"

　　於是他就請國王作證，當眾就在自己的額頭上塗上了朱砂作為記號，並且在自己的口中放了一顆珍珠，隨後就告訴眾人說：「之後我將投生為王族班智達比謝薩嘎的孩子。」話一說完，他就安然辭世了。過了幾個月之後，那位班智達的家裡邊真的生下來一位小孩，在那個嬰兒出生的時候，額頭上就有朱砂的這個印子，口中就含著珍珠。這件事不僅讓眾人非常地驚訝，也讓之前與他辯論的外道啞口無言，不得不相信前後世的存在。12'41"

啊！大家可以想像菩薩度人真是拚啊！「你不是不相信前後世嗎？我就證明給你看哪！」我們從這個公案中可以知道，大德月論師是一位多麼了不起的成就者。接著就到大德月論師，就是月官論師他說的話了，大家可以聽聽。我再把原文唸一遍。13'11"

大德月依此密意說云：「若精勤修生掉舉，若捨精勤復退沒，此理等轉極難得，我心擾亂云何修？」
13'26"

月官論師，也就是大德月論師，他在《悔讚》這部論典中有說到這個偈頌。然後巴梭尊者在《四家合註》裡解釋這段文：如果依止精進，這裡的「依止精進」就是指內心過度地警策，如果內心過度警策的話，會出現什麼狀況呢？產生掉舉。如果捨棄了精進，就產生退沒，鬆緊適中的界限實在是難以掌握，說：「**此理等轉極難得**」。「此理」是什麼？就是合理的、合宜的一個狀態，沒有沉掉導致的不平等，能夠平等運轉的這個等持，不會偏於沉、也不會偏於掉，這樣的等持是難以獲得的。所以最後就慨嘆說：「我擾亂的內心應該如何是好呢？」他這一個慨嘆，好像是代表許許多多的修定者被為難了的慨嘆。你們也在慨嘆嗎？佛菩薩一定會幫我們的！所以好好地聽，下面就會有解釋。14'44"

　　謝謝大家！今天就講到這裡。14'48"

講次0067
太急太緩難生無過三摩地（二）

　　大家好！又到了我們一起學習《廣論》的時間了，你們開心嗎？都殷重地發完心了吧！好！那我們今天繼續學，請大家翻開《廣論》362頁倒數第3行。還記得上一次我們學的吧？學到了月官論師所寫的什麼？《悔讚》中的文。接下來宗大師就會解釋這個偈頌，請大家跟我一起看《廣論》原文。00'51"

　　義指「精勤修者，謂太策勵，策則生掉；若捨策勵太緩慢者，心住其內復起退沒。由見此故，俱離沈掉等分安住之心，如理平等而轉實屬難得」。01'16"

《廣論》段落
奢摩他校訂本：P64-L5 ～ P65-L7 義指「精勤修者……顯然非理。
福智第三版：P362-L11 ～ P363-L5 精勤修者……顯然非理。

　　上一講我們學到的《悔讚》中的那個偈頌的意思到底是什麼？就是「依止精進」是指太策勵，也就是太過警策，這樣的話就產生了掉舉；如果捨棄了精進，過度地鬆緩，就會產生了內心向內安住太過了的退沒。由於看到了這一點，所以難以獲得遠離沉掉平等安住、內心合理平等運轉的這個狀態。01'48"

　　那麼這樣看起來，要修成三摩地還是一件不容易的事情，對吧？因為我們從最初開始聽聞、開始訓練，是很難控制這顆心的。所以要控制它的高低起伏，內心有一點點高的時候，就容易產生散亂、掉舉，比如說我們很用功、很用功去觀想佛像的時候：「啊，佛像很清楚！」內心一歡喜可能就有點散掉了。那麼說：「這個有點好像安住分不夠了，那內心我再放緩一下。」內心稍低一點的時候又不清晰了，又容易產生沉沒。所以不能太急、又不能太緩的這個適中的界限，怎麼樣能夠抓到呢？「**平等而轉**」，就是保持不急不緩，看起來不太容易。02'45"

　　如果某些人所說的，就是讓心放緩、低沉一點，往內收攝就能修禪定的話，大家會不會覺得：也不用抓界限了，統統放緩就可以，沒有那麼困難了。可是事實並非如此啊！對吧！03'02"

那我們接著再往下看，看原文。有找到行嗎？現在先別著急呀！往下聽。03'10"

> 如是佛靜《釋》亦云：「言精勤者，此中謂於善品發起勇悍，策勵而轉。」又云：「由見掉過捨其精勤，棄其功用心於內沈。」03'28"

在佛靜論師所著的這個釋論中，也有解釋這段文。佛靜論師說：這裡的精勤是什麼？就是對於善品踴躍歡喜，策勵而趣入、警策而趣入，他是很歡喜的。如果見到這個歡喜的狀態慢慢地成為掉舉的過失，就不敢那麼精勤了，結果捨棄了功用，也就是停止努力的話，內心又會向內退沒。這是佛靜論師的解釋，我們再往下看。04'08"

> 《悔讚》又云：「若勵力轉起掉舉，若勵緩息生退

沒，修此中道亦難得，我心擾亂云何修？」其《釋》亦明顯云：「由極勵力，勤策運轉起功用時，便生掉散摧壞其心，從功用中心不得住。若如是行即是過失，為遮此故，緩息勵力運轉之心，棄捨功用，則由忘所緣境等過，令心內縮，生起沈沒。」04'51"

又是《悔讚》，對吧？看！另外《悔讚》中也說了，說什麼呢？說：「如果勤奮地趣入，趣入修定的這種狀態，就會產生掉舉；如果放緩了，就會產生退沒。啊！要修成其中的中道又難以獲得，我心擾亂，應該如何是好啊？」前面我們學過。05'14"

《悔讚》的釋論中也明確地說：「極其勤奮而警策地趣入，並且發起功用的話」，就是他非常非常用功、非常非常努力，「這時候反而產生了掉舉和散逸，破壞了內心，所以即使努力，卻沒法獲得內心安住。由於這樣的過失，他為了避免這個過失，就把這個力道放緩，放緩勵力趣入的心，也就是放緩了勤奮趣入的心，讓心稍稍有點鬆散，停止努力。」結果又出現什麼狀況了？「由於忘失所緣境等等的過失，導致了心向內退沒，而且會生出了沉沒。」這看起來就是怎麼做都有問題。06'04"

那麼《掌中解脫》引用月官論師的這句話之後就說了：「如果將敵人誤認為朋友，正因為難以辨別，所以格外是危險的。」就是本來這種狀態是要對治掉的，可是卻拿著當寶貝一樣，一直用這個狀態來修，所以「沉沒很容易和三摩地混淆」，注意！重點！「因此必須著重於加緊力道。如果將心收緊失去了明分力，心變得死氣沉沉或者行相不明顯了，此時若不設法消除，便會導致了粗顯的沉沒。」06'51"

這段是說什麼？跟上面一樣的，就是你這樣用功的時候：「不對！散亂了！」然後馬上又再放鬆，又沉沒了，這個時候如果不去對治的話，就會產生比較明顯的沉沒了。我們再往下看，和我一起看書：07'19"

▎故說「遠離沈掉二邊修此中道，合理平等運轉妙三摩地極屬難得」，若善緩即可則無難故；又說從緩發生沈沒，故以此理修三摩地，顯然非理。07'43"

解釋一下。因此說到「難以獲得修持遠離沉掉二邊的中道，或者合理平等運轉的等持」，如果極致放緩了就可以的話，就沒有什麼困難了；又說由此會產生沉沒，就是放緩會產生沈沒，所以用這種方法修成三摩地，很顯然是不合理的。08'07"

所以在修三摩地的時候，內心過鬆、過緊都會造成障礙。那麼這個界限到底怎麼拿捏呢？什麼是鬆緊適中、恰到好處呢？大家是不是也很想要知道？可是在正修的時候，每個人遇到的狀況都是不一樣的，那就只能用那句話──如人飲水，冷暖自知啊！就得練習、觀察、練習……，訓練憶念教授。08'41"

這件事是並不容易的，就算我們能清晰地講出來，但是也得要在實際的練習中把它練出來你才會知道，所以只有在上座實修的時候，透過觀察自心一再地訓練。在訓練的時候我們可能會發現：哇！要提起很強的心力、很強的歡喜心修習禪定的功德，然後提升去緣善所緣，提得很猛！一旦發現心力提升到某種高度的時候，哇！已經開始有點安住不了，開始掉舉了！這時候不是不能放緩，是可以放緩，就是讓心稍稍再放緩；當放緩到某種程度要注意那個細的，產生沉沒的時候，就要再提心力。09'31"

這樣反覆地訓練，在這個中間因為不知道度，就要一直去試，反覆地串習、觀察，然後才能夠在多次的經驗中——可能很多經驗我們會覺得是失敗，但是不一定是失敗，因為我們要去擁有越來越靠近那個度這樣的經驗。所以多次的修練、很長時間的練習，才能慢慢地去掌握那種恰到好處的感覺。就像學習空性的道理也是一樣的，就算有人再三地闡述，但是空性真理的內涵，如果沒有經過自己親身去驗證的話，我們終歸還是不知道證悟空性是什麼滋味。唯有經過自己親身去實修，才會知道那是什麼感覺。10'26"

比如說離開東北之後，我常常說：「啊！東北大米多好吃、多好吃！」但是從未吃過東北大米的人，就總是好奇地問：「東北大米煮成的米飯到底有多香？」可能我就說：「比起其他的大米，應該好吃多了！」我只能形象地說：「你吃過了就再想吃，不想吃其他的大米了。」然後如果還好奇問：「那到底是什麼味兒？什麼味道？怎麼個香法？」那即便我再去形容，其實問的人還是不知道怎麼香，最後就只能說：「你去買一些東北大米，自己吃了、煮成飯，你就知道有多香了！」親自嚐嚐，除此以外，還有什麼讓一個人怎麼樣去品嚐那個米的香味呢？就是同理。11'26"

所以妙音笑大師在《色無色廣論》中也破斥了這個觀點，哪個？就是「**善緩即是善修**」。他在那裡邊說：「教典中以琴弦鬆緊來比喻修三摩地，如果是只要放鬆就可以的話，那佛陀就不需要用琴弦要鬆緊適中的這個教導，來教誡弟子們修定的方式了。」對不對？這是很合理的。11'58"

大家聽了之後，這一段很多祖師在討論這件事情，都說修三摩地不是一件容易的事，你們聽到這兒會退心嗎？會怕嗎？還是有很多的人成就了，不是嗎？所以我們一開始沒有獲得經驗的時候，可能會覺得：「唉呀！怎麼折騰都是不太對。」不要灰心，繼續練、繼續練，因為已經得到了清淨的教授；一直去練，心變得越來越細微的時候，我們可能就慢慢地掌握那個度了。等到已經修到自由的程度，就可以自由地選擇鬆緊，一下子可能就掌握了，就不會要一直試、一直試。12'46"

今天主要就是我們把這些教授先聽了，要記住：對於初修者來說，如果太緊產生了散亂，認為一放鬆就是修行了，這肯定顯然是不對，要鬆緊、鬆緊反覆地訓練。所以我們還是不能依照自己內心的感覺，要聽從大師的教言，老實地依教奉行。13'14"

今天就上到這兒，謝謝大家！13'18"

講次0068
堅固有力的正念極為重要

　　大家好！又到了我們一起學習《廣論》的時間了，你們開心嗎？好！我們繼續學，請大家翻開《廣論》363頁第5行。有找到吧？我們一起來看原文。00'31"

又極緩心僅澄明分猶非滿足，猶須執取相策勵分，如無著菩薩云：「於內住、等住中，有力勵運轉作意。」此於九種住心方便初二心時，作如是說。00'59"

　　那麼這一段是在說什麼呢？說：只有極為放緩的澄明內心的明分，夠不夠呢？是不夠的！那麼還需要什麼呢？還需要執取相的這個策勵分、警策的部分。所以無著菩薩

《廣論》段落
奢摩他校訂本：P65-L8 ～ P66-L10 又極緩心……而觀察之。」
福智第三版：P363-L5 ～ P363-L12 又極緩心……為外散耶。」

曾經說：「在內住與等住當中，具有力勵運轉作意。」力勵運轉作意的「**力勵**」，就是警策的意思，「**運轉**」就是有趣入的意思。無著菩薩的這段話，是在九住心方便的前兩住心的階段中這麼說的。意思就是在初二種心的階段時，具有力勵運轉作意，所以必須要有執取相的這個警策部分。那麼三摩地必須具備「執取相的警策部分」的依據是什麼呀？就是無著菩薩在宣說九住心中說到的：前二心住心的時候，必須刻意提起心力來修！02'06"

我們再往下看。到「《修次初篇》」了，有找到嗎？02'14"

> 《修次初篇》亦云：「除沈沒者，當堅持所緣。」
> 《修次中篇》復云：「次息沈沒，必須令心極其明
> 見所緣，當如是行。」言「心明見」故，非說唯是
> 境界明顯，是說心執取相極顯極堅。02'47"

哪一本論了？《修次初篇》中也說，說什麼？「要去除沉沒，要堅固地執持所緣。」還有就《修次中篇》也

說：「接著止息了沉沒，要盡可能地使內心」，注意！
「極其明晰地見到所緣。」由於說到「內心極其明晰地見
到」，所以不僅是清晰就夠了，而且還要內心執取相清晰
和堅固。只有清晰顯現是不夠的，就是你看得很清楚這還
是不行，你這個心對這個所緣的力量，既清晰、又要堅
固，所以他用了一個「**極**」字——「執取相極其清晰、
極其堅固。」03'39"

　　所以這段文的「**心明見**」，就是指明顯分，「**心執
取相極顯極堅**」的這個「堅」字，怎麼理解呢？抓得緊
緊的意思。在此處是針對明顯分而說的，所以這個「堅」
並不是不散亂、不動搖的意思。明顯分也不是就把事情看
清楚、把所緣看清楚而已，注意！緊緊地抓住境，這是有
力道的，不是這樣鬆鬆地持，而是有力道地抓緊！04'24"

　　在《四家合註》裡，語王大師也有解釋，說：《修次
初篇》與《修次中篇》中說「堅固地執持所緣」與「內心
能清晰地見到」的意思就是，如果具有內心執取相極其堅
固的明分的力量，或者有力的內心，就是依止正念的清淨

方法，這麼修也能遮除沉沒。內心安住於持續地憶念所緣的正念當中，直到這個心的力量，注意喔！這個心的力量還沒有衰退之前，時時以正知觀察——時時、率爾率爾，就是一會兒要觀察。那麼觀察什麼？觀察沉掉是否生起，還要觀察什麼？「唉呀！沉掉是不是將要生起了？」以及時時要憶念根本的所緣，這兩種修法都是維繫正念的方法。05'23"

因為產生沉掉的時候就會出現忘念，在忘念當中，有遺忘所緣而產生沉掉，以及沒有遺忘所緣，在正念的狀態下產生的沉掉兩種。兩者當中，遺忘所緣而產生的沉掉，是正念失去很長時間生起沉掉沒辦法覺察，他那個覺察力很鈍，所以一定是持心太過鬆緩了、鬆散了！因此要用前面講的第二種修法作為對治品，也就是要時時憶念根本的所緣。而前一種修法，就是在沒有忘失所緣的狀態下遮止沉掉的出生，是生起強而有力的正知之因所必需的。06'11"

還有克主傑大師也在他的《止觀難點筆記》中，用點睛之筆說過：清晰不只是清晰地現起那個所緣執取相的行相，而是那顆心的執取相清晰、有力、相續不斷地趣入。06'34"

我們再往下看。06'40"

修念之規此極切要，未能知此盲修之相，謂修愈久忘念愈重，擇法之慧日返愚鈍，諸凡此等有過甚多，反見自矜有堅固定。07'00"

這種依止正念的方法極為切要，也極為重要！因為不了解這個方法而修習，有的修行人會出現一些相狀，比如：修持得越多、越用功，忘念越重，還有分別簡擇的這個智慧越來越遲鈍等等，會出現非常多的過失！出現了這麼多過失，反而將此——這種過失——還自詡為擁有堅固的等持。如果不了解細微的沉沒，認為看得很清楚、內心也安住在所緣境上，就是在修習奢摩他，就會有修的時間越長他的忘念越重，而且分別簡擇的智慧也越來越遲鈍。有這樣的危險喔！會越修越笨！08'01"

很顯然這裡邊細分的沉沒，被當作了真正的三摩地在修持，就會產生忘念越來越重、分辨諸法的智慧日趨鈍劣這樣的過失。所以對這個細分沉沒的了解——在教理上了解、在自己修定的時候辨識——是非常重要的！一定不可以粗心大意，要謹慎而行！08'34"

在《廣論・修習軌理》中說：「**是故於道幾許修習，反有爾許重大忘念，念力鈍劣，簡擇取捨意漸遲鈍，當知即是走入錯道正因之相。**」這可以判斷的，就是說如果很用功、很用功，發現：欸，怎麼好像判斷東西越來越鈍了？好像越來越不聰明了，簡擇的智慧越來越低。那可能就是修錯了！09'09"

《掌中解脫》中也說過：「如果將微細沉沒誤認為正確的修行，連色界與無色界之果都成就不了；在現世中失念會轉趨嚴重，智慧也會變得愚鈍，所以就像是刻意為了求生畜生道而修一樣。」因為他的慧力會越來越鈍嘛！這是什麼？這就是不了解依止正念的方法的修行人有可能出現的過失，也可以說有可能出現的悲劇和危險。09'49"

接下來提出了一個問題，我們往下看：09'56"

若謂如前以念令心繫所緣已，爾時可否發起分別，偵察所緣善不善持？ 10'08"

有人就問了，說：就像前面所說的，以正念把心安住於所緣，這個時候可不可以發起偵察——就是這個心像偵察兵一樣——偵察善為執持所緣的這個分別心呢？也就是說，透過正念內心安住於所緣上的時候，可不可以用分別心觀察，觀察什麼？「它有沒有善為執持所緣呢？」既然修持正念的方法如此重要，那麼正念將心安住在所緣境的時候，問題就是：可否同時生起正知，來觀察心是否安住在所緣境上？就是這樣一個問題。那麼看大師是怎麼回答這個問題的，四個字！10'50"

答：定須觀察。如《修次中篇》云：「如是於隨樂所緣安住心已，於此應當如前相續住心。善安住已，即應於心如是觀察：為於所緣心善持耶？為沈沒耶？為現外境而散亂耶？應作是念而觀察之。」 11'25"

　　大師馬上回答這個問題，說：「**定須觀察。**」必須
觀察，必須的！那麼依據是什麼？因為在《修次中篇》中
說：「內心如此安住於所希欲的這個所緣上之後，內心應
當持續地安住在這個所緣之上。安住於所緣之後，應當觀
察內心有沒有善為執持所緣。怎麼觀察？有沒有善為執持
所緣啊？是否沉沒？是否現起外在的境界而導致散亂
呢？」由此可見，觀察是非常重要的！ 12'07"

　　對這個問題的回答是沒有任何疑慮的，就是一定要觀
察！觀察這幾點，大師也說得非常清楚，希望大家善為憶
念！ 12'19"

　　今天就講到這兒，謝謝大家！ 12'22"

講次0069
觀察安住所緣的修正念法

　　大家好！又到了我們一起學習《廣論》的時間了。上一次我們學到：以正念將內心安置於所緣的時候，可不可以發起觀察「是否善為執持所緣」的分別心呢？還記得宗大師的回答是什麼嗎？四個字：「定須觀察。」就是一定要觀察，而且引了《修次中篇》作為依據。今天我們就繼續往下學，請大家翻開《廣論》363頁倒數第2行，請大家跟我一起看原文。01'06"

> 此非棄捨三摩地已如是觀察，是住定中觀其是否如前而住根本所緣，若未住者，當觀隨逐沈掉何轉。非纔住定時太短促亦非太久，是於中間時時觀照。若於前心勢力未盡修此觀察，生心力已力能久住，

《廣論》段落
奢摩他校訂本：P66-L10 ～ P68-L5 此非棄捨⋯⋯正念正知。
福智第三版：P363-L12 ～ P364-L9 此非棄捨⋯⋯正念正知。

亦能速疾了知沈掉，有此所為。01'49"

這一段是在講：當我們觀察內心有沒有善為執持所緣的時候，是不是捨棄了三摩地而觀察呢？宗大師說：這不是指捨棄三摩地而作這樣的觀察，而是在安住於定這樣的狀態中，觀察是否像之前一樣還是安住在根本的所緣？如果沒有安住在所緣上，那麼是趨於沉掉當中的哪一者呢？02'29"

並且在安住等持之後，不是太過短促，也不是拖了太久，在這個之間就要時時地觀照。不是太快地觀察，也不是經過太久之後才觀察，在先前內心的力量與威勢——注意——尚未消盡時這麼觀察。這顆心的威勢生起之後，能夠長久地維繫，維持有力的狀態，以及迅速地了知：有沒有沉沒啊？有沒有掉舉啊？具有著這樣的目的，所以才這麼修的。03'19"

那麼對於我們初學者在緣所緣境的時候，比如說緣著佛像的時候，就要以正念讓自己知道——什麼是正念啊？

就是：「欸，我還在觀想佛像，我在想著佛像。」與此同時，還要不斷提醒自己：「我有沒有在觀想佛像？我有沒有在想佛像？」這點是很重要的，這個反觀和反問是很重要的！如果不這樣做的話，就會發生什麼呢？發生過了很久之後，才知道自己的心已經隨著散亂到處游走，走神良久，忽然驚覺：「啊，我在幹什麼！」有人甚至忘了自己在座上觀修，可能都跑到大街上去了，他的心。04'16"

所以只有在修的過程中不斷地提醒自己，然後才會在心隨著散亂而走的時候立刻發現。就像我們特別不想忘記某一件事，就要不斷地去想它，比如說我們答應了某一個人一定要做某件事，我們就會把這件事放在心上，特別害怕忘了。那麼在修定的時候，我們也要不斷地提醒自己：「有沒有在緣善所緣啊？」「我有沒有在想佛像啊？」如果認為觀修禪定的時候不斷提醒自己就是散亂，甚至有人認為就是相執——其實如果照他說的，是沒有辦法生起強而有力的正知、正念——這種說法是不對的！「定須觀察！」05'20"

　　要以正知觀察內心的這個狀態，那是不是指放掉了正在修的三摩地之後才去觀察呢？不是的！不！並不是指放掉正在修的三摩地之後才去觀察，而是當心安住於所緣境的時候，我這個心安住於所緣境的時候，要抽一部分心力，從旁邊去看內心當下的一種狀態。好像一下子分成了兩個，一個負責安住善所緣，一個負責偵察的──「欸，你有沒有在做事情？你有沒有在工作？有沒有在緣善所緣？」那個要在旁邊看著。06'10"

　　這種看著的感覺，可能有點像用餘光看著，但是這個餘光也是滿犀利的！因為一旦發現心沒有安住在所緣境上的時候，就要接著去再往深了觀察：「欸，我到底是被沉沒、還是被掉舉所擾亂了呢？」並且在適當的時候，用適當的方法加以對治。06'39"

　　什麼時候觀察呢？什麼時候觀察呢？既不是在內心安住於所緣境之後立刻觀察，也不是在安住許久、拖了很久之後才作觀察，而是適時地檢視內心的狀態；要是觀察的次數過於頻繁，反而對於內心的安住造成一個可能不利的影響。如果在正念還沒有消失之前，依照前面的方式來觀察內心，它的作用是很強的！比如說可以讓心力提升，而且可以讓安住的時間拉長，還有一點就是，能夠馬上覺察內心是否被沉沒或掉舉所影響。所以強調了這個觀察力的重要性！07'36"

你不能太頻繁，也不能剛緣所緣然後立刻就開始觀察，也不能拖很久之後不觀察。什麼時候是這個觀察力現起的時候呢？就是當你內心的威勢還在的時候，要起觀察。這個也要在我們上座專修的時候，自己去訓練，然後獲得這種經驗。08'02"

好！我們再往下看，看文。08'09"

如是時時略憶前緣而修者，亦為有力、相續運轉正念之因所須，故為修念之法。08'25"

同樣地，時時稍微憶念先前的所緣而修習，也是為正念強而有力與持續運轉之因所必須的，所以是修習正念的方法。有聽清嗎？那接下來：08'51"

如《聲聞地》云：「云何心一境性？謂數數隨念、
同分所緣、流注、無罪、適悅相應，令心相續，名
『三摩地』，亦名為『善心一境性』。其中是於何
等數數隨念？謂於正法聽聞、受持，從師獲得教
授、教誡，以此增上，令其定地諸相現前，於此所
緣以流注念隨轉投注。」09'35"

這一大段是說：哪一本論？《聲聞地》中，《瑜伽師
地論》對吧？其中的《聲聞地》說：其中，什麼是一心專
注？就是指透過先前的聞思，反覆地回憶，是一個回憶，
然後緣著同等的所緣，持續、無罪而具足歡喜的內心續
流，這也稱為「三摩地」，也稱為「善心一境性」。
「善心一境性」就是專一的善心。是不是很美？其中，是
對什麼反覆回憶呢？是指對於所聽聞、受持的正法，以及
從師長那兒我們所獲得的教授還有教誡，由此而現起等引
地的相狀，以持續的正念趣入、投注於那個所緣。接下
來：10'56"

《辨中邊論疏》亦云：「言『念不忘所緣』者，謂『以意言住心教授』之斷語。」11'08"

《辨中邊論疏》中也這樣說：「所謂的『正念是指不遺忘所緣』，是描述『內心詮說令心安住的教授』的斷語——斷定之語。」這個「**斷語**」，格西拉解釋為立宗、確定的語句，也就是最終斷定的解釋或者結論。我們再往下看：11'44"

故依念者，為於所緣滅除散亂忘念，由是滅彼不忘所緣者，謂以意言所緣，即是數數作意所緣。譬如恐忘一所知義，數數憶念即難失忘。故若時時憶念所緣，是生有力正念所須；心於所緣緊持不散而作偵察，是生有力能覺沈掉正知方便。是故應知，若謂此等皆是分別而遮止者，極難生起有力正念正知。12'27"

還是在講這個，說：因此依止正念——現在這一大段都在講這個——是為了什麼呢？就是為了遮止從所緣散亂的遺忘。再說一遍，是為了遮止從所緣散亂的遺忘，所以能遮止遺忘的不忘所緣，就是內心所詮說的這個所緣了，也是反覆作意所緣。例如擔心遺忘某些我們已經知道的義理的時候，如果在心中反覆地回憶，會不會也就難以忘記啊？就是一樣的啊！ 13'05"

因此時時憶念所緣，這是生起有力正念所必須具備的；而內心不從所緣散到其他的地方，牢牢地攝持而進行偵察，這就是使了知沉掉的正知變得有力的方法。所以我們應該知道，如果認為這也是分別心，然後要把它去掉，那麼你就很難生起有力的正念、正知了！這跟上面說的都是一樣的，對吧？有沒有聽清楚？ 13'45"

在修習三摩地的時候，除了適時地以正知觀察來調整內心之外，還必須要提醒自己保持正念，就是一遍一遍地提醒，對吧？這也是加強正念，使其能夠成為一個正念的續流，我們要準備的一個條件，必備的，所以在《聲聞地》中強調了這個「修正念法」。好多論都在說這個問題，在講正知、正念對吧？ 14'26"

關於反覆憶念所緣，克主傑大師的《止觀難點筆記》中有說：「如此安住的時候」，安住在所緣的時候，「反覆地憶念粗分的根本所緣」，就是不要忘了，「如果太快的話會產生掉舉」，還是說那個觀察的意思，「太緩的話就會產生沉沒，所以要適中。以修持所緣依處來說，在先前有力相續的決定識的狀態之中，再次地令心定解粗分的顏色、形狀這些正念」；那如果我們觀無我，就是「修補特伽羅無我的時候，要在先前有力定解無自性成立的這個決定識的狀態中，再次地刻意令心顯現自性成立，然後再憶念自性成立不存在的這個正念。」就是再憶念破它的一個正念。15'29"

今天這一講我們講得有點多，希望大家能夠課下的時候多複習一下。雖然有點多——舉的經典也多、祖師的語錄也多，但是都在教我們一件事，就是：正知、正念是怎麼配合的？什麼狀態下怎麼用心？都是金子般的經驗啊！所以能夠聽到這樣的傳承教授，你們很開心吧？一定要好好珍惜、依教奉行！16'01"

今天就上到這裡。16'02"

謝謝大家！16'05"

講次0070
上座的時長（一）

大家好！很高興又到了我們一起學習《廣論》的時間了，這一週你們過得還好吧？今天我們要一起學習「**示座時量**」，請大家翻開《廣論》364 頁倒數第 4 行，看原文。00'34"

> **第三、示座時量：若爾，由念令心繫於所緣，應住幾久座量有無決定？** 00'48"

這已經是第三科，說明上座的時候的標準。如果問到：以正念把我們的心安住於所緣，那麼要安住多久呢？有沒有固定的上座時間啊？標準有沒有？大家都很關注這個問題吧！那我們可以往下看宗大師是怎麼回答。01'14"

《廣論》段落
奢摩他校訂本：P68-L6 ～ P69-L3 第三、示座時量……應如是行。
福智第三版：P364-L10 ～ P365-L1 第三示修時量……應如是行。

答：此中西藏各派先輩諸師皆說「座短數多」。此中因相，有說「若短座修及善支配，則後每次亦樂修習，若座久長則覺厭煩」；有說「座久易隨沈掉增上而轉，則難生起無過正定」。01'49"

　　宗大師回答了那個問題。說：一座要坐多久啊？宗大師回答說：「對此，藏地各個傳承的所有前輩上師都說必須座時短暫而多次。」就是要一次很短，次數要變多。那麼為什麼是這樣呢？「原因是什麼呢？有人主張：『座時短暫地修持，並且善加分配時間，之後每次都會樂於修持，』就是你很歡喜，『如果座時長久的話，就會導致厭倦。』也有人說：『如果座時長久，就容易為沉掉所控制，因此很難生起沒有過失的等持。』」02'37"

　　那麼對於我們初學者來說，在座上修三摩地的時間，到底應該如何？如何是標準？宗大師的指示、教誡是非常明顯的：最初一定是要將時間縮短、次數增多，而且每一座、每一座間隔的時間也不能太長。所以假使初期座上修的時間過長——有人就是急呀！一上座就不想下來，坐很久。那時候一開始看起來好像滿順利的，好像很相應，但這麼坐其實如果長期堅持下來，會不會造成身心的負擔呢？因為他不能上座修就休息，要堅持啊！堅持這樣修。比如說你修幾個月、幾年這樣下來的話，這麼急於在座上加長時間，會不會讓修學的結果不如預期，甚至大打折扣呢？03'45"

還有最糟的就是，因為一座坐太久了，甚至之後你想特別地提心力，好像都提不出來的感覺，可能就是養成了一個不好的習慣，或者你也無法達到滿意的結果。剛開始上座修定的人都抱持著一種熱望，坐上就不想下來，一定要在這一座拼個輸贏，所以在此宗大師的教授是「**座短數多**」，要記得喔！04'27"

我們再往下，看下面一段「《聲聞地》等諸大論中」，有找到行吧？04'36"

《聲聞地》等諸大論中，未見明說座時之量，然《修次下篇》云：「由是次第，或一正時，或夜巡半修或一座時，抑或乃至堪能爾時應趣。」此雖見此是成寂止已，勝觀修時座量時說，初修止時現見亦同，應如是行。05'07"

看了這一段，不知道大家會不會有點曚掉，說：這到底是要一座多長時間？我們別急，一點點地看。哪本論出現了？《瑜伽師地論》。說「《聲聞地》等諸大教典中，沒有看見明確指出座時的標準。」就是一座到底是多少時間那裡沒有。「但是在《修次下篇》中說：以如此遠離沉掉的修習方法的次第，應當在一正時。」問題出現了！「**一正時**」是多長時間啊？「一正時」也叫作一刻，還有一漏刻，這是古印度的時間單位的名字。古印度把一晝夜分為六十分，六十分之一的時間長度就是一刻。由於它是滴漏計時，所以稱之為一漏刻或一刻，相當於現今的二十四分鐘。所以一正時就是一天的六十分之一的一漏刻，就是二十四分鐘。06'17"

那麼又出現了「**夜巡**」，對吧？「夜巡」也叫夜警。那什麼是「夜警」呢？語王大師在《四家合註》裡有解釋，他是解釋他的上師說：所謂的「夜警」，就是指偵察或者佈哨的意思。而是否能夠做到，是指以正知，注意！它這個佈哨是指正知佈哨而監視，監視自己的心先前是否產生沉掉，以及是否還會再產生的時候，當有把握在這一段時間內沉掉確定不會生起，就是能夠夜警的意思。他把時間規定在這一段時間。所以在此之前需要安立座時；以及先前產生了沉掉，或者擔心仍會產生沉掉的時候，必須怎麼辦啊？視情況而安立座時。就像在屋頂佈哨，遠遠地監視有沒有強盜的時候，如果你確定沒有的話，你可以放鬆戒備之心；但是如果不確定有沒有，你就得一直在這兒看著、一直巡視，所以就不可以放鬆戒備。07'36"

那麼以如此遠離沉掉的修習方法的次第，應當在一正時，也就是一天的六十分之一的一漏刻，或者能夠夜警到何時，便修持半座或一座，或者能夠到何時，便趣入等引直到那個時候。07'55"

現在又出現了「**半修**」，對吧？注意聽！「半修」

或者「一座時」，這個請問月格西解釋，他說：「按照宗大師在《菩薩戒品釋》中引《道炬論釋》，說『六時共為十八分』的說法，將一天分為六座，每一座各分三分，共成了十八分。如果將十八分的一分作為一座時，則一座時是八十分鐘；那麼一半，半修就是八十分鐘的一半，就是四十分鐘。」所以他這個是算四十分鐘，前面又說二十四分鐘，「但是此處應該沒有設定座時的長度」。08'44"

所以宗大師說：《修次下篇》的這段文，雖然在修成寂止之後，修成勝觀的座時標準的章節中是有講的，但是在最初修持寂止的階段顯然也是這樣，所以應當要這麼做。09'03"

那我們可以觀察，在《聲聞地》諸多教典中沒有看到相關的說明，但在《修次下篇》中就提到了，比如說二十四分鐘。然後從二十四分鐘開始，就是一刻、一漏刻開始，漸次地怎麼樣？拉長時間。拉到什麼程度？不是有野心、有雄心壯志，是要觀察一下自己的能力，知道自己的能力所及。因為你坐太長，前面有說很多問題，所以一定要記住——到自己的能力所及。能力所及就是在這個中間，你要考慮到會不會生出不順三摩地的種種過患，太長的話就不太行。09'53"

在這一大段文字當中，我們就要確定：「那一座到底要多長時間呢？開始說二十四分鐘，後來是四十分鐘半修，或者是八十分鐘。」那我要多長時間呢？作為我。這裡邊也沒有特別說，肯定是要量力而行的。比如說多長時間你就開始完全地心裡沒有力道了？就要自己看一看你的時間的長度，那個可能就是要自己確定的。10'28"

如果將來我們要一班、一班的，比如說我們寺院也好，或者我們打佛七也好，一班、一班的，那可能就要規定一個很多學員都差不多的時間內大概的數字，然後上下調整。肯定剛開始練的時候時間要很短，次數要變多，隨著我們的心力越來越強，經驗也越來越豐富的時候，時間就慢慢拉長、慢慢拉長，所以它那個座時是慢慢練、慢慢練的。11'01"

　　如果你開始一下子太長的話，有一個詞要特別記住，就是那個坐墊，你不能一想到坐墊就發嘔，已經怕了！有沒有體會過在佛堂裡放一個禪修的墊子，然後你在佛堂門口走過的時候，看到那個禪修的墊子心裡美滋滋的、甜滋滋的、甜絲絲的？為什麼呢？哇！在那個墊子上的感覺實在是太歡喜了！不是散亂那種歡喜，是置心一處、安住在善所緣上那種歡喜心。時間太長，把那個心念都拖到昏沉了，然後很辛苦地支撐，其實你看到那個墊子就沒有歡喜心了。所以一開始不要把自己練到疲憊，練到非常地吃力，這是竅要！就是很開心、很喜歡修定。11'58"

　　關於一座到底修多長呢？有沒有聽清楚？如果還是沒聽清楚，再反覆地聽一聽，因為之後還有法師帶大家的複習課，所以你們不要著急。12'12"

　　今天就講到這兒。12'13"

　　謝謝大家！12'15"

講次0071
上座的時長（二）

　　大家好！又到了我們一起學習《廣論》的時間了，大家剛才有認真發心吧？請大家翻開《廣論》，我們要繼續學！在365頁第1行。現在能集中精神嗎？要上課了，要集中精神，和我一起看原文：00'39"

　　此復，若如前說修念知法，時時憶念所緣、偵察監視，時雖略久亦無過失。然見初業行者，若時長久，多生忘念散亂，爾時其心或沈或掉，非經久時不能速知；或雖未失念，然亦易隨沈掉而轉，沈掉生已不能速知。彼二前者能障生有力記念，後能障生有力正知，是故沈掉極難斷除。尤以忘散所緣不覺沈掉，較於未忘所緣不能速疾了知沈掉，其惡更

《廣論》段落

奢摩他校訂本：P69-L4 ～ P70-L5 此復，若如……幾時之支分。

福智第三版：P365-L1 ～ P365-L8 若能如前……修時支分。

甚。故為對治散逸失念，如前所說修念之法極為重要。01'53"

這段有點長，我們一起來看一下：另外，如果按照前面說的修習正念與正知的方法，時時地憶念所緣——注意——偵察審視，那個心的狀態是非常警覺地偵察審視，固然稍微延長座時也是沒有過失的。但是見到對於大多數的初業行者——就是剛開始修行的人、修定的人，如果座時長久，就會產生遺忘而散逸。那時候無論生起沉沒或是掉舉，都要經過長時間才能夠察覺，他無法迅速地覺察；或者即使沒有遺忘正念，也容易為沉掉所控制，無法迅速地察覺沉掉產生。02'45"

在這兩者當中，「**前者**」，前者是什麼？就是已經遺忘了正念，經過長時間才能夠覺察，無法迅速地覺察已經生起沉掉，這個前者會阻礙有力正念的生起。後者，會阻礙有力正知的生起，那麼「後者」是什麼？後者就是即使沒有遺忘正念，也容易為沉掉所控制，無法迅速覺察沉掉產生，那麼這種狀態就會阻礙有力正知的生起，所以將會極難遮除沉掉。尤其相較於在沒有遺忘所緣的狀態中無法迅速察覺沉掉，遺忘所緣而散逸、無法察覺沉掉產生更是極其惡劣的情形，這裡邊說：「**其惡更甚**」！因此遮止散逸而退失正念的對治法，如同前面所說的什麼？維繫正念的方法是極為重要。所以「**如前所說修念之法極為重要**」，大師提醒我們。04'00"

如果能夠按照之前的方式來修習正念和正知，時而憶念所緣、時而觀察自心，就像同行二人一樣，分工——你憶念所緣、旁邊這個抽一部分心力，觀察它是否在繼續持續地在所緣上。這樣的話，縱使修學三摩地的時間長，也不會有太大的問題。為什麼？因為它比較對呀！04'30"

這種狀態是很好的，但大多數的初修禪定的人來說，會不會做到這麼理想呢？很難！因為假如時間太長的話，很多都因為忘念產生散亂了，造成專注力還有觀察力減弱，以致於沉沒或掉舉都是已經走得很遠了，不知道幹什麼，已經散到旁邊去了，很久才會知道，無法馬上發覺。還有就算沒有忘念也會被沉掉影響，導致在沉掉生起的時候也是無法覺察。05'16"

所以如果因為忘念產生散亂──忘念就是他忘記所緣了──就會障礙生起有力的正念；如果你還有正念，但是沉掉生起的時候，你沒法去分辨、去覺察，這樣會障礙有力生起正知，所以都是很難斷除沉掉的。這兩者之中，剛才類比了哪個狀況比較糟呀？這兩者中，忘失所緣、心生散亂而導致生沉掉的這個時候你自己還不知道，這是比較嚴重的！但是比較嚴重要怎麼對治啊？還是要以修正念法加以對治，這是極為重要的一點！有聽清嗎？06'07"

好！我們再接著往下看：06'13"

設若散逸忘念厚重，正知羸劣，不能速疾了知沈掉，則須座短；若見忘念難生，能速了知沈掉，是時座稍延長亦無過失。故密意云一正時等，時長不定。總須隨心所能，故云：「乃至堪能。」06'45"

如果散逸的遺忘比較嚴重、正知的力量比較微弱，無法迅速覺察沉掉，那麼座時必須要短暫，不能太長。這是規定。因為你沒有能力坐那麼長，都是浪費時間，還會養成壞習慣。但是如果發現遺忘已經不容易生起，並且能夠迅速地了知沉掉，他的偵察力很強，迅速地了知沉掉，那麼即使稍微延長座時也沒有什麼過失。所以基於這個用意而宣說「**一正時等**」，他並沒有斷定時間的長度，不用固定時間的長度。總之，要必須符合自己的能力，或者符合自己的心力，所以才宣說：「能夠到何時，便趣入到那個時候。」就是你有多大的能力就挑多大的擔子，對吧？不要好高騖遠，不要太心急。07'43"

在修三摩地的時候，我們可以觀察自己，如果內心非常容易散亂、忘念熾盛，這是一種，很難把持住正念；還有或者正知的力量微弱、無法迅速地察覺沉掉，可能上去一段時間大概全都在走神，而且也不知道。最初在廣論班的時候，有的人一開始上課就會睡著了，然後一到迴向就突然清醒了，整個過程就都在睡覺，一聽「迴向」，啊！馬上就清醒。但是這個人現在也沒有那樣。08'26"

所以一開始的時候，如果沒有能力的話，你就要把座上修的時間一定要縮短，不能變長；反過來，如果你忘念很少，並且迅速覺察沉掉，就可以把時間稍微拉長。對不對？那到底一座要多長呢？沒有絕對，完全依照修行者自己的一個狀態來調整的。08'54"

有沒有覺得很貼心的教授？就是說你有多大力氣，就給你多大的擔子；沒有那麼大力氣，從小的地方開始練、練、練、練，慢慢練習就可以像一個大力士一樣，可以承擔很長時間的這種維持正念和正知的力量。好！我們接著往下看。09'23"

> 又若身心未猝發疾，即應安住，有病不應勉強而修，無間放捨，除治諸界病難乃修，是諸智者密意。應知如是修者，亦是座修幾時之支分。09'38"

接著又講了一種狀況：另外，如果我們的身心沒有產生突發的這種疾病，那麼你就應該安住；但是如果在修的時候病了，你就不要硬撐，就不應該勉強維持。那怎麼做呀？就要停止修，即刻中止，立刻就要停下來，你要先去治療，消除身心的障礙，消除障礙之後再修行，這是智者們的密意喔！應當了知這麼做也是「要在多長時間內修持」的一個支分。10'18"

啊！這個世界，病是一個很常見的事情，假使在修定的時間、修行的時間，身心如果沒有突發的狀況，就應該按部就班認真地學修，每座按時修；但是萬一有人就生病了，比如說有人在修定的時候發燒，或者產生劇烈地咳嗽，或暴發一些其他的病。這個時候你要暫緩修行的進度，先做治療，或者你就停下來。但是那時候有些人就喜歡硬撐不去看醫生，這個是要去治療的。你好了之後再修嘛！等到情況好轉之後再修，不要過度地勉強自己。注意喔！這不是說隨順人情勸慰的話，這些內涵都是祖師們留下來的經驗，是智者們的密意喔！所以在修行的時候要特別注意！11'28"

問大家一個問題：初修禪定的時候，應該次數多、還是次數少？次數多。時間長、還是時間短？時間短。為什麼要這樣要求呢？你說：「我都很少修定，好不容易得到了一個修定的機會，那我一座要坐到地老天荒，為什麼卻是時間要短、次數要多呢？」你們現在知道答案吧？如果修學的時間短，就會有意猶未盡的感覺，那麼下次你就會非常想修。12'03"

還有一個理由就是，對於剛剛學定的人修學時間太長，原先強而有力的正念和正知就會慢慢消退，到後來沒力。沒力了，誰有力了？就沉掉，沉掉有力，所以就牢牢地控制你的心。在控制的時候，因為已經沒心力了嘛，所以自己很難發現，然後我們就以為自己在修行。如果每座、每座成年累月就這樣堅持修行的話，可以想見能生起強而有力的正念和正知嗎？因為方法就不對啊！沒有強而有力的正念、正知，怎麼去斷除沉掉？ 12'45"

所以如果要生起強而有力的正知、正念，你的座上修質量是非常高的，那麼一定要在較短的時間內、很短的時間內，不斷地提醒自己全神貫注！然後在修定的過程中能不忘念，一個是不忘念你要安住在所緣上，而且還要同行二人有個心力再覺察昏沉和掉舉。一旦這兩者能保持一個平衡，你再拉長，對吧？那也是沒關係的。所以不要一開始就急於求成，然後就沒有耐心去訓練自己。先掌握正確的修定方式，正確地調心、一直調心的一個方式，等到你會調了你再延長，對不對？ 13'37"

關於時間，現在大家有沒有理解啊？就是要根據自己的能力看能修多長時間，急不來！所以師父說：「慢慢學，快快到；慢慢走，快快到！」一步一步的質量做對了，其實也不會浪費時間。一定要根據自己——根據一個修行者的能力，來確定它的數量、次第。 14'09"

看看這個修定的教授，是不是又貼心、又美，又覺得太實用了！因為每個人都可以量身訂做自己的一個時間長度。所以這麼細膩的教授，沿著這樣的清淨的教授，會不會自己有信心能修起奢摩他呀？要好好地發願、積資糧，一定要修成！謝謝大家！ 14'39"

廣論止觀初探

各講次與廣論段落對照表

講次	章節	標題	音檔長度	箜摩他校訂本 頁/行	福智第三版 頁/行
0032	修止資糧	安住於相順的環境	11'31"	P32-L1 ～ P32-L8 第六、各別學法……夜靜聲寂。	P346-L2 ～ P346-L7 第六、各別學法……夜靜聲寂。
0033		少欲、知足、捨棄眾多事務	11'37"	P32-L6 ～ P33-L2 地土賢善……算星相等。	P346-L5 ～ P346-LL5 地土賢善……算星相等。
0034		戒律清淨、捨棄欲求等分別	10'31"	P33-L2 ～ P33-L8 五、清淨尸羅……應當廣知。	P346-LL5 ～ P346-LL1 五、清淨尸羅……應當廣知。
0035		修止"資糧極為重要	12'01"	P33L8 ～ P34-L8 如是六法……極為主要。	P347-L1 ～ P347-L6 如是六法……極為主要。
0036	身何威儀而修	修止的身威儀（一）	12'05"	P34-L9 ～ P35-L8 第二、依止資糧……平齊而住。	P347-L7 ～ P347-L13 第二、依止資糧……平齊而住。
0037		修止的身威儀（二）	14'32"	P35L8 ～ P36-L8 頭者……如說善修。	P347-L13 ～ P348-L6 頭者……如說善修。
0038	正釋修習之次第	諸大教典中的修定方法（一）	11'32"	P36-L9 ～ P37-L9 第二、正釋修習……得清淨解。	P348-L7 ～ P348-L13 第二、正釋修習……得清淨解。
0039		諸大教典中的修定方法（二）	07'47"	P37-L9 ～ P38-L10 又總三乘……全無疑惑。	P348-LL1 ～ P349-L6 又總三乘……全無疑惑。

講次	章節	標題	音檔長度	著摩他校訂本 頁/行	福智第三版 頁/行
0040	心注所緣先如何修	思惟正定功德引動心意	12'59"	P38-L10 ~ P40-L1 今此教授……最勝宗要。	P349-L6 ~ P350-L1 今此教授……最勝宗要。
0041		增強修定的勇悍心力	13'40"	P40-L1 ~ P40-L10 《辨中邊論》云……故難退失。	P350-L1 ~ P350-L6 《辨中邊論》云……故難退失。
0042	明正所緣	周遍所緣	10'45"	P41-L1 ~ P42-L8 第二、註所緣時……而得轉依。	P350-L7 ~ P351-L6 第二住所緣時……而得轉依。
0043		淨行所緣（一）	10'01"	P42-L9 ~ P43-L2 淨行所緣……任持其心。	P351-L7 ~ P351-LL5 淨行所緣……任持其心。
0044		淨行所緣（二）	08'44"	P43-L2 ~ P43-L7 慈謂普緣……餘處而緣。	P351-LL5 ~ P351-LL2 慈謂普緣……餘處而緣。
0045		善巧所緣	12'48"	P43-L8 ~ P44-L7 善巧所緣……一門而轉。	P351-LL1 ~ P352-L6 善巧所緣……一門而轉。
0046		淨惑所緣	11'29"	P44-L8 ~ P45-L8 又淨惑者……任持其心。	P352-L7 ~ P353-L1 又淨惑者……任持其心。
0047		依靠具足殊勝目的所緣	09'49"	P45-L9 ~ P46-L4 此中、淨行所緣……所緣建立。	P353-L2 ~ P353-L5 此中，淨行所緣……所緣建立。

講次	章節	標題	音檔長度	奢摩他校訂本 頁／行	福智第二版 頁／行
0048	明正所緣	破除修空性不應有所緣的見解	12'12"	P46-L5 ～ P47-L6 於……皆作所緣。	P353-L5 ～ P353-L13 又有說 於……皆作所緣。
0049		哪種補特伽羅緣應緣的淨行所緣（一）	11'57"	P47-L7 ～ P48-L8 二、顯示何 等……當知亦爾。」	P354-L1 ～ P354-L8 二顯示何 等……當知亦爾。」
0050	顯示何等補特 伽羅應緣何境	哪種補特伽羅緣應緣的淨行所緣（二）	12'40"	P48-L8 ～ P49-L5 貪等五增上 者……速證心住。	P354-L8 ～ P354-L13 貪等五 增上者……速證心住。
0051		哪種補特伽羅應緣的善巧所緣	09'05"	P50-L2 ～ P50-L1 善巧所 緣……正滅愚癡。	P354-L13 ～ P355-L3 善巧所 緣……正滅愚癡。
0052		哪種補特伽羅緣應緣的淨惑所緣	13'00"	P50-L2 ～ P51-L4 淨惑所 緣……諸名差別。」	P355-L3 ～ P355-L12 淨惑所 緣……諸名差別。」
0053	明此處所緣	辨明當前此處所緣	11'54"	P51-L5 ～ P52-L9 二、明此 處……亦引此文。	P356-L2 ～ P356-L10 二明此 處……亦引此文。
0054		緣佛像修三摩地	13'10"	P52-L10 ～ P53-L7 其緣佛 身……方便善巧。	P356-L11 ～ P357-L4 其緣佛 身……方便善巧。
0055		緣著什麼樣的佛像來修定	12'40"	P53-L8 ～ P54-L5 當以何 等……今相明顯。	P357-L5 ～ P357-L10 當以何 等……今相明顯。

講次	章節	標題	音檔長度	奢摩他校訂本 頁／行	福智第三版 頁／行
0056	明此處所緣	觀想佛像為所緣的要點（一）	15'48"	P54-L6 ～ P55-L10 先求持心……為煩惱擾。」	P357-LL3 ～ P358-L7 先求持心……為煩惱擾。」
0057		觀想佛像為所緣的要點（二）	12'39"	P55-L10 ～ P56-L7 《道炬論》亦云……於彼持心。	P358-L7 ～ P358-LL2 《道炬論》亦云……於彼持心。
0058		觀想佛像為所緣的要點（三）	13'02"	P56-L8 ～ P57-L2 此中因相……極為重要。	P358-L12 ～ P359-L2 此中道理……極為重要。
0059		觀想佛像為所緣的要點（四）	11'45"	P57-L2 ～ P58-L3 所緣依處……所緣依處。	P359-L3 ～ P359-L9 又所緣境……為所緣境。
0060	如何注心之理	此處所修三摩地的二種殊勝	13'39"	P58-L4 ～ P59-L1 第二、於彼所緣……故此不說。	P359-L10 ～ P360-L1 第二心於彼所緣……故此不說。
0061		修止的違緣及順緣	12'28"	P59-L1 ～ P60-L1 有力明分……次是正知。	P360-L1 ～ P360-L8 極明顯分……次是正知。
0062		修學正念（一）	17'25"	P60-L1 ～ P61-L5 如《莊嚴經論釋》云……殊勝宗要。	P360-L8 ～ P361-L3 如《莊嚴經論釋》……殊勝宗要。
0063		修學正念（二）	14'05"	P61-L5 ～ P62-L5 作業差別者……注所緣故。	P361-L3 ～ P361-L11 作業差別者……住所緣故。

講次	章節	標題	音檔長度	奢摩他校訂本 頁／行	福智第三版 頁／行
0064		修學正念（三）	12'58"	P62-L6～P63-L3 又說依……定力之念。	P361-L11～P362-L3 又說依念……有力之念。
0065		破斥「善緩即善修」之說	11'18"	P63-L4～P64-L1 第二、破有過規……下當廣說。	P362-L4～P362-L8 第二破有過規……下當廣說。
0066		太急大緩難生無過三摩地（一）	14'48"	P64-L1～P64-L5 故若太策舉……擾亂云何修？	P362-L8～P362-L11 故若太策舉……擾亂云何修。
0067	如何注心之理	太急大緩難生無過三摩地（二）	13'18"	P64-L5～P65-L7 義指「精勤修者……顯然非理。	P362-L11～P363-L5 精勤修者……顯然非理。
0068		堅固有力的正念極為重要	12'22"	P65-L8～P66-L10 又極緩心……而觀察之」	P363-L5～P363-L12 又極緩心……為外散耶」
0069		觀察安住所緣的修正念法	16'05"	P66-L10～P68-L5 此非棄捨……正念正知。	P363-L12～P364-L9 此非棄捨……正念正知。
0070		上座的時長（一）	12'15"	P68-L6～P69-L3 第三、示座時量……應如是行。	P364-L10～P365-L1 第三示修時量……應如是行。
0071		上座的時長（二）	14'39"	P69-L4～P70-L5 此復……幾時分，若如……修時支分。	P365-L1～P365-L8 若能如前……修時支分。

廣論止觀初探　第二卷　學奢摩他法一

造　　　論	宗喀巴大師	
講　　　述	真　如	
文 字 整 理	釋如宏、釋如吉、釋如密、釋性由、釋性華、釋如法、 南海尼僧團法寶組法師	
文 字 校 對	王淑均、黃瑞美	
責 任 編 輯	朱以彤	
美 術 設 計	吳詩涵、王瓊玉	
排　　　版	華漢電腦排版有限公司	
印　　　刷	科樂印刷事業股份有限公司	

出 版 者	福智文化股份有限公司
地　　址	105407 臺北市松山區八德路三段 212 號 9 樓
電　　話	(02) 2577-0637
客服 Email	serve@bwpublish.com
官 方 網 站	https://www.bwpublish.com
粉 絲 專 頁	https://www.facebook.com/BWpublish

總 經 銷	時報文化出版企業股份有限公司
地　　址	333019 桃園市龜山區萬壽路二段 351 號
電　　話	(02) 2306-6600 轉 2111
出 版 日 期	2023 年 3 月初版一刷
定　　價	新台幣 480 元
I S B N	978-626-95909-9-5

國家圖書館出版品預行編目(CIP)資料

廣論止觀初探. 第二卷, 學奢摩他法一 / 宗喀巴大師
造論 ; 真如講述. -- 初版. -- 臺北市：
福智文化股份有限公司, 2023.03
　　面； 公分
ISBN 978-626-95909-9-5 (平裝)

1.CST: 藏傳佛教　2.CST: 注釋　3.CST: 佛教修持

226.962　　　　　　　　　　　111021734